KENICHI OHMAE

「BBT×PRESIDENT」
Executive Seminar Library Vol.14

大前研一 編著

大前研一
DX革命

「BBT×プレジデント」
エグゼクティブセミナー選書 Vol.14

プレジデント社

はじめに

メディアで「ＤＸ（デジタルトランスフォーメーション、以下ＤＸ）」という言葉を見たり聞いたりしない日がない時代になってきた。

私は二〇〇一年に上梓した『THE INVISIBLE CONTINENT』（日本語版タイトル『大前研一 新・資本論―見えない経済大陸へ挑む』東洋経済新報社）の中で、二一世紀はそれまでの「リアル」な経済に「サイバー」「グローバル」「マルチプル」が加わった四つの経済空間が生まれると指摘した。

あれから早や二〇年が過ぎた。気がつけば、世界はほぼ私の思い描いたとおりになったといっていいだろう。

また、そのような考え方に基づいて設立したビジネス・ブレークスルー（ＢＢＴ）も、オールサイバーの経営研修や大学、大学院を世界に先駆けて実践している。今般のコロナ禍においても、まったく影響を受けず、むしろ参加してくれる人が増えている状況だ。

それなのに、この国では、二〇世紀のリアルな経済しか見えていない経営者や政治家が、いまだに過半数を占めているように見える。これでは日本経済がいつまでも低迷から浮上できないのも無理はない。

これからの時代、「夢よ、もう一度」とばかりに二〇世紀の成功体験を追い求めるしかできない企業は、ものすごい勢いで淘汰されていくだろう。具体的にいうと、先端テクノロジーを使いこなすディスラプター（破壊的イノベーター）に食い物にされ、下手をすれば業界もろとも消滅させられてしまうのだ。それが嫌なら、方法はただひとつだ。今すぐDXを、全社を挙げて進めていくしかない。

読者の中には、DXと、従来の「IT革命」や「デジタル革命」の違いがわからない人もいるだろう。DXとは、単にITやデジタルテクノロジーを取り入れるといった単純なことではない。「デジタルテクノロジーを用いて、二一世紀型企業に変革を図る」。これこそがDXの本質なのである。

それには、経営者自身が先頭に立って、デジタル化と企業変革にコミットすることが必要なのはいうまでもない。「デジタルのことはよくわからないから」とCDO（最高デジタル責任者）に丸投げするようではダメなのだ。経営者がまず自分を変革し、そのうえで会社の変革を主導するようでなければ、絶対にうまくいかないのである。

また、自社がDXを進める過程で蓄積したノウハウを商品化して販売するといった、新たなビジネスの可能性も生まれる。その一方で、DXの推進によって不要になった、それまで間接業務を行っていたホワイトカラーのような人材を、どの分野でどうやって戦力化していくかといった問題も出てくる。

そういったＤＸ導入によって創出される、様々なビジネスチャンス、さらにＤＸで発生するであろう課題とその解決方法についても、本書で取り上げていく。実際にＤＸを取り入れて成功している企業の事例も紹介していくので、ぜひ参考にしてほしい。

本書によって、ひとりでも多くの経営者がＤＸについての理解を深め、さらに実践に移してくれることを期待している。二一世紀の日本経済のために。

大前研一

二〇二一年一月

目次

第二章 ワークマンがデータ経営で描いた新業態戦略 土屋哲雄

第四章

継続利用率九九・五%、五年で三万社が登録した「SmartHR」事業　宮田昇始

第五章 「スマートコンストラクション」で実現する建設産業のDX 四家千佳史

第六章 経営トップが自ら取り組む、アパレルのDX事例 佐藤 満 ……195

図版制作 室井浩明（STUDIO EYES）

第一章

DX革命を成功に導く方法

大前研一

図1

産業突然死時代の経営環境

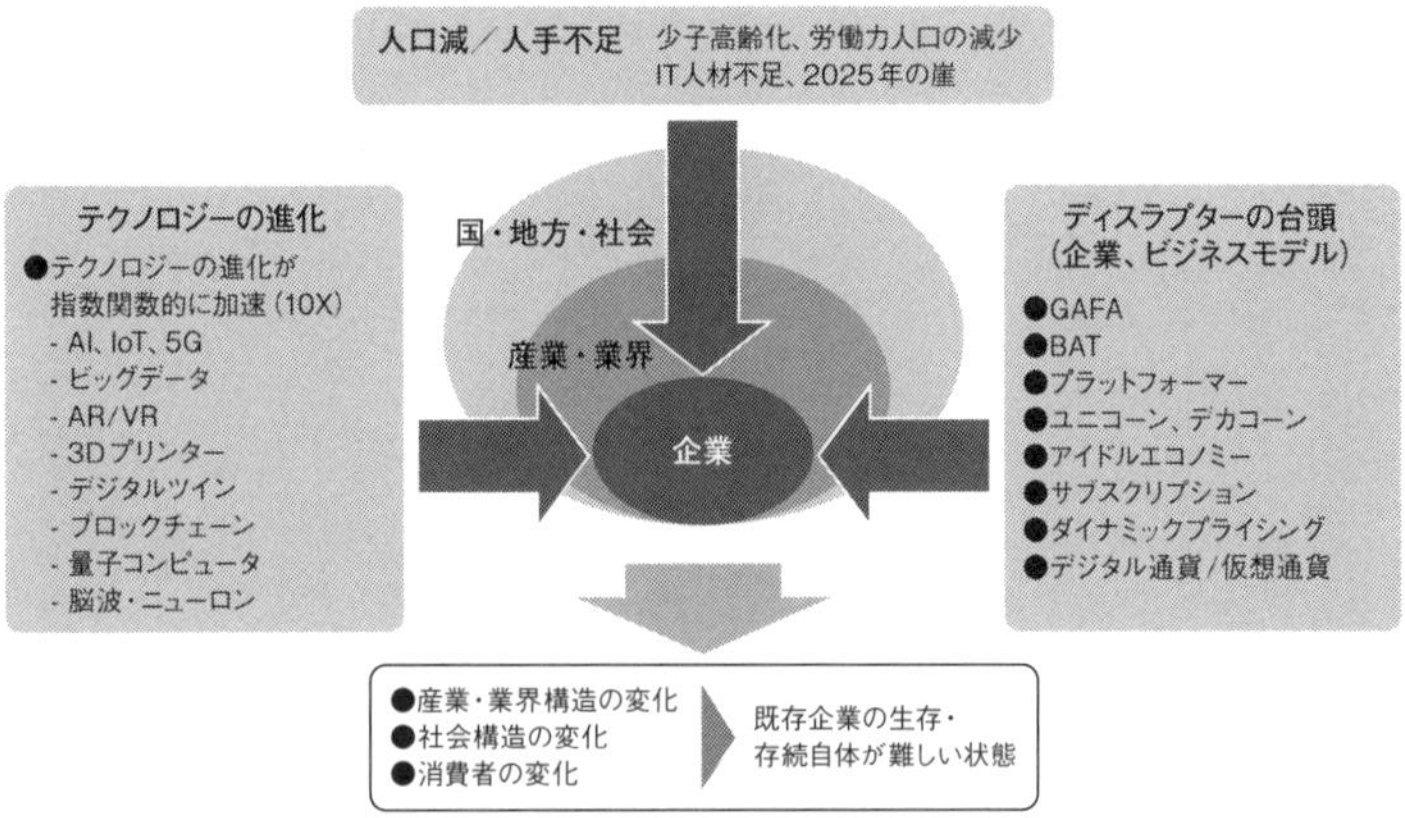

資料：BBT大学総合研究所© BBT大学総合研究所

産業突然死時代の経営環境

二一世紀に入ってから「テクノロジーの進化」と「ディスラプター（破壊的イノベーター）の台頭」が起こり、それに対応できない既存企業は、存在自体が難しくなってきている（図1）。

この背景として、まず人口減による人手不足とテクノロジーの進化が挙げられる。このテクノロジーの進化は今に始まったことではないが、近年はその進化速度が指数関数的（累乗の指数が変数となる指数関数のように、値が大きくなるにつれて程度や量が飛躍的に増す状態）に加速しているのだ。

その結果、AI（人工知能）、IoT（モ

ノのインターネット）、５Ｇ（第五世代移動体通信）、ビッグデータ（一般的なデータ管理・処理ソフトウエアで扱うことが困難なほど巨大で複雑なデータの集合）、ＡＲ（拡張現実）／ＶＲ（仮想現実）、３Ｄプリンター（三次元的なデジタル・モデルをもとにして、物体をつくりだすことができる機械）、デジタルツイン（現実の世界から収集した様々なデータを、まるで双子であるかのように、コンピュータ上で再現する技術）、ブロックチェーン（分散型ネットワークを構成する複数のコンピュータに、暗号技術を組み合わせ、取引情報などのデータを同期して記録する手法）、量子コンピュータ（量子力学的な現象を用いて従来のコンピュータでは現実的な時間や規模で解けなかった問題を解くことが期待されるコンピュータ）、脳波・ニューロン（神経細胞）などのニューテクノロジーが誕生し、いずれも実用化されつつある。

さらに、これらのテクノロジーの進化を背景としたディスラプターの登場も、既存企業の脅威となっている。具体的には次のような企業だ。

まず、アメリカのＧＡＦＡ（グーグル、アマゾン、フェイスブック、アップル）や、中国のＢＡＴ（バイドゥ、アリババ、テンセント）をはじめとするプラットフォーマー。次に、評価額一〇億ドル以上のユニコーン企業と、その一〇倍の規模を持つデカコーン企業。さらに、空いている経営資源を安く使わせるアイドルエコノミー、定額制のサブスクリプション、時間によってモノやサービスの値段を変動させるダイナミックプライシング、デジタル通貨や仮想通貨などがある。これらはすべて、既存企業にとってはディスラプターだ。

また、日本には「二〇二五年の崖」という問題もある。これは、経済産業省が二〇一八年九月に発表したDXレポートによれば、二〇二五年までに予想されるIT人材の引退やサポート終了などによって、複雑化・老朽化・ブラックボックス化した既存システムが残った場合、国際競争での遅れや経済の停滞などによって年間最大一二兆円の経済損失が生じる可能性があるとするものだ。

新しい時代を担うIT人材が枯渇していることに加え、技術そのものが根本的に変わってしまっているため、新しい脅威に対応することができないのである。

米中IT企業が世界の産業に与える影響

日本は、工業化社会の最終フェーズである二〇世紀最後の数十年間において繁栄を誇ったが、反面、二一世紀型の企業の数が非常に少ない。

二一世紀型企業を輩出しているのは、アメリカと中国だ（図2）。

アメリカでは、一九八〇年代にレーガン大統領（当時）の行った規制緩和が功を奏して、新興企業が生まれやすい土壌ができた。現在「GAFA」と呼称されるグーグル、アマゾン、フェイスブック、アップルがアメリカで誕生した背景には、そのような理由があるのだ。さらに、GAFAの後にも、自動車配車アプリのウーバー、民泊仲介のエアビーアンドビー、起業家向

図2

米中IT企業が世界の産業に与える影響

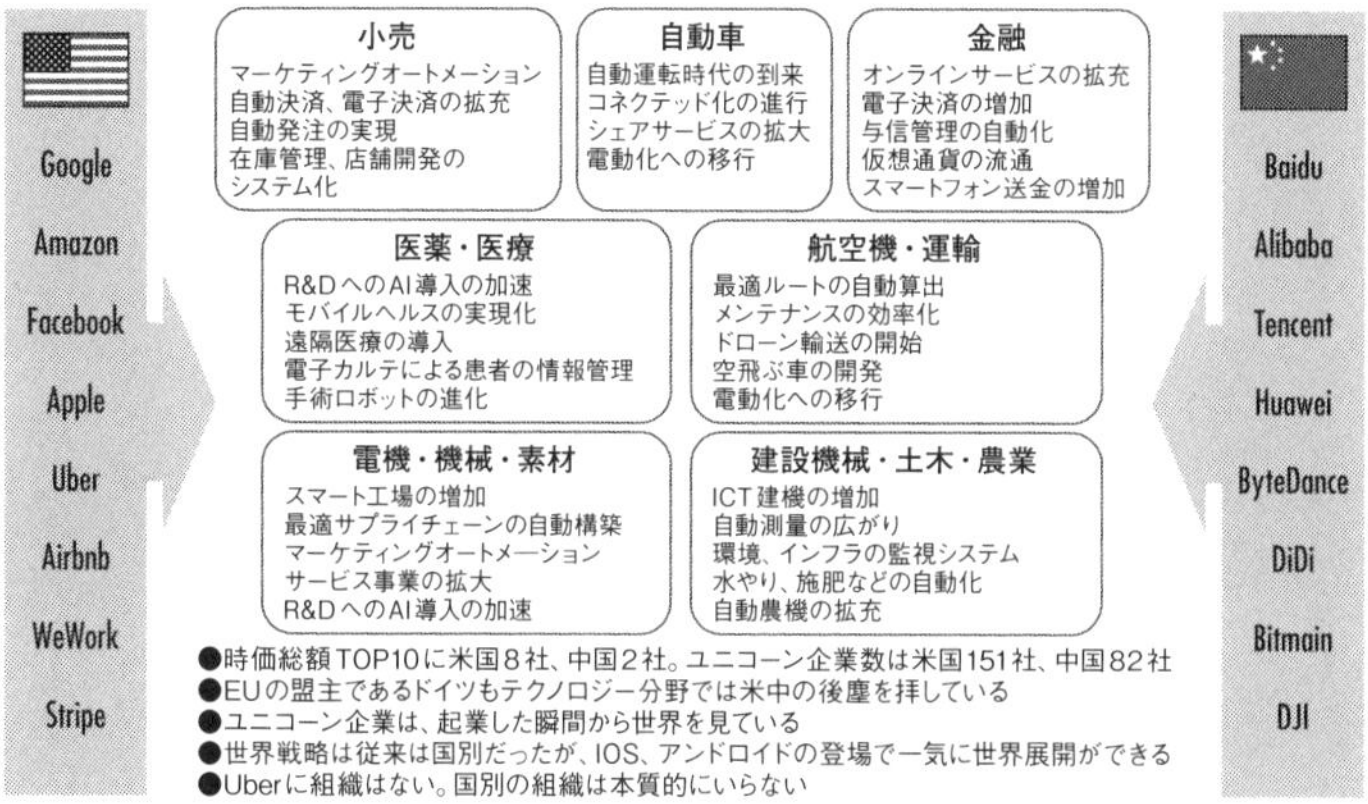
Google
Amazon
Facebook
Apple
Uber
Airbnb
WeWork
Stripe
小売
マーケティングオートメーション
自動決済、電子決済の拡充
自動発注の実現
在庫管理、店舗開発の
システム化
自動車
自動運転時代の到来
コネクテッド化の進行
シェアサービスの拡大
電動化への移行
金融
オンラインサービスの拡充
電子決済の増加
与信管理の自動化
仮想通貨の流通
スマートフォン送金の増加
医薬・医療
R&DへのAI導入の加速
モバイルヘルスの実現化
遠隔医療の導入
電子カルテによる患者の情報管理
手術ロボットの進化
航空機・運輸
最適ルートの自動算出
メンテナンスの効率化
ドローン輸送の開始
空飛ぶ車の開発
電動化への移行
電機・機械・素材
スマート工場の増加
最適サプライチェーンの自動構築
マーケティングオートメーション
サービス事業の拡大
R&DへのAI導入の加速
建設機械・土木・農業
ICT建機の増加
自動測量の広がり
環境、インフラの監視システム
水やり、施肥などの自動化
自動農機の拡充
●時価総額TOP10に米国8社、中国2社。ユニコーン企業数は米国151社、中国82社
●EUの盟主であるドイツもテクノロジー分野では米中の後塵を拝している
●ユニコーン企業は、起業した瞬間から世界を見ている
●世界戦略は従来は国別だったが、IOS、アンドロイドの登場で一気に世界展開ができる
●Uberに組織はない。国別の組織は本質的にいらない
Baidu
Alibaba
Tencent
Huawei
ByteDance
DiDi
Bitmain
DJI

資料：「週刊ダイヤモンド2019年2月23日号」ほか、より作成 ©BBT大学総合研究所

けコワーキングスペースのウィワーク、オンライン決済のストライプやスクエアといった新興企業が続いている。

一方、中国では、そもそも緩和しなければならない規制もなければ、新興勢力の頭を押さえつけて台頭を許さないエスタブリッシュメント（既存企業）も存在しなかった。そのため、ITの進化とともに各地にITベンチャーが出現し、その中から現在「BAT」と呼ばれるバイドゥ、アリババ、テンセント、そしてファーウェイやZTE（中興通訊）のような世界的企業も現れてきたのである。

アリババを見ているとよくわかるが、規制がないので個人のデータは集め放題だし、使いまわしも自由だ。同社傘下のアント・フィナンシャルのように集めた個人データに対して格付けを行うところも出てきている。

アメリカは今、ファーウェイと同じく中国の大手スマートフォンメーカーであるＺＴＥを市場から締め出そうとしている。現在、次世代通信規格５Ｇの技術開発ができるのは、スウェーデンのエリクソンとフィンランドのノキア、それからファーウェイくらいだ。アメリカは安全保障上の理由から、中国企業であるファーウェイの製品を使いたくないので、エリクソンとノキアへの投資を増やすという。

それならば自国製品を使えばいいものだが、残念ながらアメリカには５Ｇでその三社に匹敵する技術力を持つ企業が存在しない。これはレーガン革命の負の側面だ。

規制緩和によって、それまで独占企業だったＡＴ＆Ｔは長距離のみの電話会社となり、地域電話部門は通称「ベビーベル」と呼ばれる地域ベル電話会社七社に分離解体された。その後、ＡＴ＆Ｔは研究開発部門であるベル研究所と機器製造部門のウェスタン・エレクトリックをルーセント・テクノロジーとして分離したのである。

かつてベル研究所はノーベル賞受賞者を何人も輩出し、ＮＡＳＡ（アメリカ航空宇宙局）にも技術を提供する最先端の研究所だった。しかし、ルーセント・テクノロジーはその後低迷し、ついに二〇〇六年にフランスのアルカテルＳＡと合併して消滅してしまった。ノキアは、スマホが出てきた後、携帯から撤退したが、その穴埋めにこれを買収して５Ｇのタネを拾ったのだ。

結局、ＡＴ＆Ｔの分割によって、アメリカでは貴重な研究所が失われ、今ではオペレーターばかりが生き残っている状態なのである。

実は、日本の状況もこれによく似ている。ＮＴＴの前身である電電公社には、アメリカのベル研究所を参考につくった電気通信研究所があった。ここが日本の電気通信技術を長らく牽引していたが、一九八〇年代の土光・中曽根行政改革の一環として電電公社の民営化を行った際、この研究所をどうするかまではよく考えていなかった。そのため、新しく発足したＮＴＴの傘下に置いてみたものの、存在感が薄れ、５Ｇのようなものを創出することができなくなっている。

現在、ＩＴ分野で米中企業がいかに世界をリードしているかは、企業の時価総額を見れば一目瞭然だ。トップテンに入っているのは、アメリカ企業が八社、中国企業が二社。それからユニコーン企業数は、アメリカ一五一社、中国八二社。

ユニコーン企業の特徴は、起業したその瞬間から自国市場だけでなく世界市場を視野に入れている点だ。その理由は、彼らのビジネスがスマートフォンベースだからである。

ｉＯＳやアンドロイドに国境はない。スマートフォンセントリック（スマートフォンがあらゆる行動の入り口になっている事象）で始めたビジネスは、東京で成功すると、ニューヨークでも南アフリカでも同じように成功する。従来のように、まず本国の市場を固めてから国別戦略をつくって海外進出をしたり、システムを国ごとに変更したりする必要がないため、一気に世界標準化できるのだ。ウィワークも、ウーバーも、エアビーアンドビーもみな、こうして瞬く間に世界を席巻した。

私はかつて自著『トライアド・パワー　21世紀の国際企業戦略』（講談社）の中で、これからはアラスカのアンカレッジに本社があると思って仕事をする必要があると説いた。アメリカとヨーロッパとアジアの真ん中にあるのが、アンカレッジだからだ。

実は、なんとあのビル・ゲイツも似たようなことをいっていることがわかった。ただし、彼の場合はアンカレッジではなく、シアトルだ。シアトルからは東京とニューヨークがほぼ等距離で、しかも北極点を越えて地球の反対側に同じくらい行けばヨーロッパに到達する。そのような理由から、ビル・ゲイツは「ここは世界を見るのにベストなロケーションだ」といって、マイクロソフトの本社をシアトルに置いたのである。

ウーバーもユニークだ。この会社には本社組織がなく、ただオペレーションがあるだけなのだ。たとえば、日本でウーバーを利用すると、料金の八〇％がドライバーに支払われるが、そのオペレーションを行っているのは、オランダにある同社の海外本部なのである。

DX（デジタルトランスフォーメーション）とは

この「IT分野では、中国が今ではアメリカと肩を並べるほどになっている」という現実を、日本人はもっと切実に受け止めなければならない。なぜなら、彼らが日本に本格的に入ってくると、多くの企業が一瞬にして突然死を余儀なくされるからだ。

図3

デジタルトランスフォーメーション（DX）とは

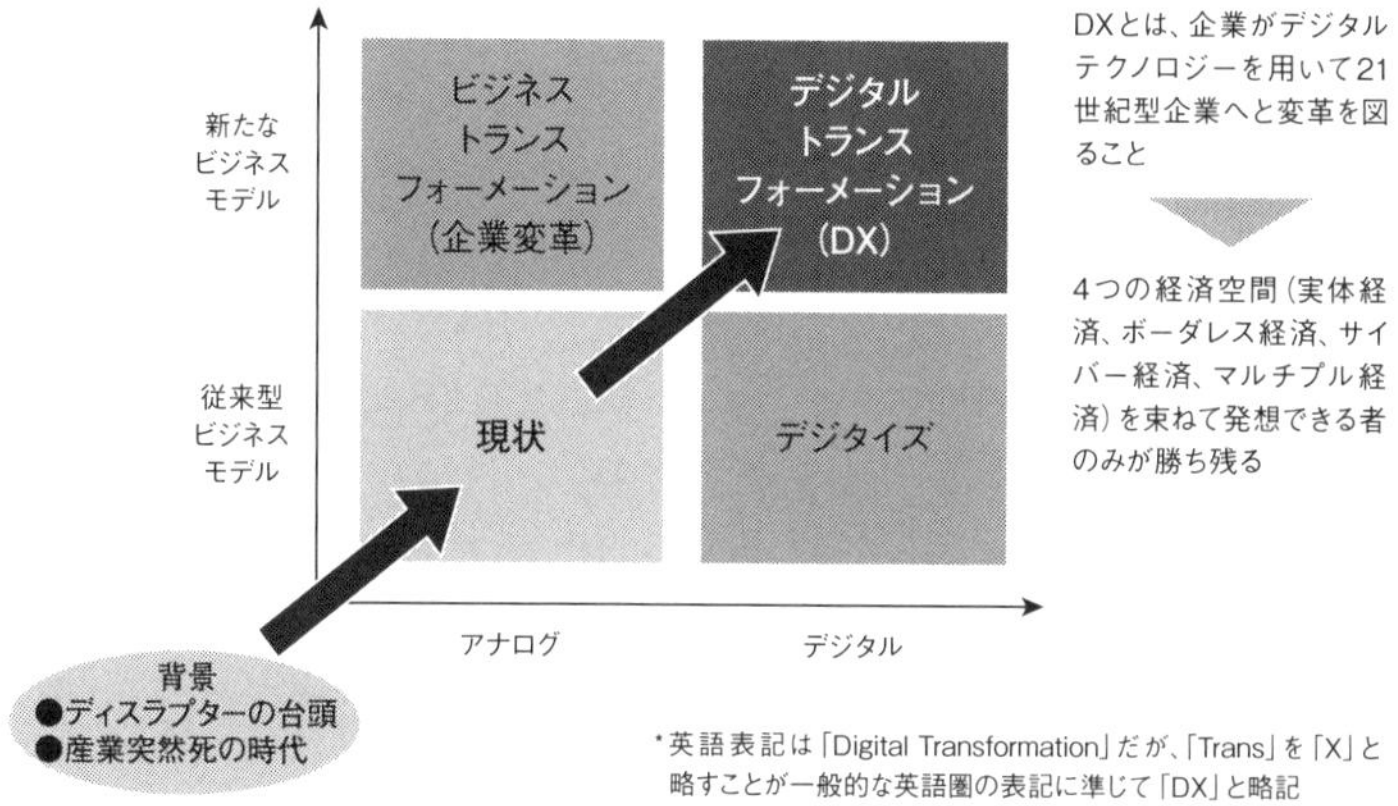
新たな
ビジネス
モデル
従来型
ビジネス
モデル
ビジネス
トランス
フォーメーション
（企業変革）
デジタル
トランス
フォーメーション
（DX）
現状
デジタイズ
アナログ
デジタル
背景
●ディスラプターの台頭
●産業突然死の時代
DXとは、企業がデジタルテクノロジーを用いて21世紀型企業へと変革を図ること
4つの経済空間（実体経済、ボーダレス経済、サイバー経済、マルチプル経済）を束ねて発想できる者のみが勝ち残る

*英語表記は「Digital Transformation」だが、「Trans」を「X」と略すことが一般的な英語圏の表記に準じて「DX」と略記

資料：東洋経済新報社『大前研一「新・資本論」』、ほかより作成 ©BBT大学総合研究所

たとえば、前述のアント・フィナンシャルが日本で銀行をひとつ買収したら、他の銀行はその翌日にもつぶれてしまうだろう。アント・フィナンシャルはMMF（投資信託）で四・二％の運用益を出している。これだけの成績を出せる金融機関は、残念ながら日本にはない。

では、そのようなディスラプターの脅威に対抗し生き残るために、日本企業は今から何を行えばいいのか。

それには、人材を育成し、デジタルトランスフォーメーション（以下、DX）を進めるしかない。デジタルテクノロジーを用いて二一世紀型企業へと変革を図るのだ（図3）。

もはや「国」という概念が存在しないのが、二一世紀型企業の特徴である。存在す

図4

デジタル化による影響と企業のDXへの取り組み状況

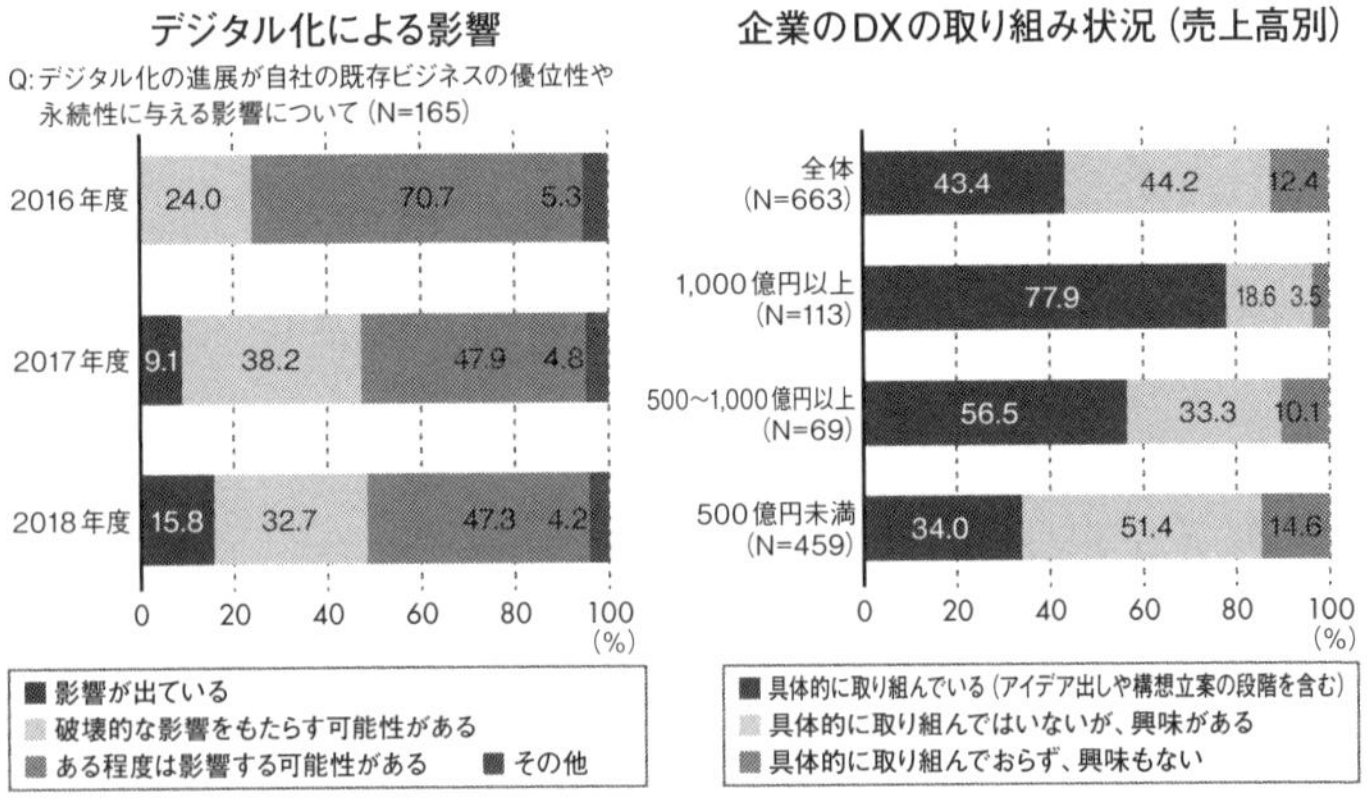
デジタル化による影響
Q:デジタル化の進展が自社の既存ビジネスの優位性や永続性に与える影響について（N=165）
2016年度
24.0
70.7
5.3
2017年度
9.1
38.2
47.9
4.8
2018年度
15.8
32.7
47.3
4.2
0
20
40
60
80
100
(%)
影響が出ている
破壊的な影響をもたらす可能性がある
ある程度は影響する可能性がある
その他
企業のDXの取り組み状況（売上高別）
全体（N=663）
43.4
44.2
12.4
1,000億円以上（N=113）
77.9
18.6
3.5
500～1,000億円以上（N=69）
56.5
33.3
10.1
500億円未満（N=459）
34.0
51.4
14.6
0
20
40
60
80
100
(%)
具体的に取り組んでいる（アイデア出しや構想立案の段階を含む）
具体的に取り組んではいないが、興味がある
具体的に取り組んでおらず、興味もない

資料：総務省「情報通信白書 令和元年版」、NTTデータ経営研究所「日本企業のデジタル化への取り組みに関するアンケート調査」
©BBT大学総合研究所

るのは、企業が売る「サービス・プロダクト」と「顧客」の二つだけだ。だから、国家が様々な規制をかけてこようが、乗り越えるのは簡単だ。そして、時価総額を上げることで、世界で勝負ができるようにするのである。

企業のDXの取り組み状況

日本企業の経営者を見てみると、デジタル化の進展が自社の既存ビジネスの優位性や永続性に与える影響について危機感を抱く人は年々増えているようだが（図4左）、具体的なDXに対する取り組みは、明らかに不十分だといわざるを得ない（図4右）。

たとえば、出版業界であれば影響の大きいのは、なんといってもアマゾンだろう。

アマゾンが日本でここまで大きくなったのは、皮肉なことであるが、東販・日販という出版取次会社のおかげなのである。

アマゾンは、アメリカでは「本を大量に仕入れて、二〇%引きで売る」という安売り商法で急成長したが、日本ではそれができなかった。日本には「再販売価格維持制度」というシステムがあり、本や雑誌は定価でしか売ることができないからだ。

そのため、アマゾンも日本では定価販売をせざるを得なくなった。しかし、その結果、アメリカであれば値引きをした定価の二〇%分が、日本ではそのまま収益になってしまったのである。そのため、小田原（神奈川県）に巨大な物流センターをつくることができたのだ。

アマゾンの物流は、東販・日販よりもはるかに上だ。そのため、地方の小さな書店には、東販・日販よりもアマゾンに頼んだほうが早く確実に本が届く。今では地方に行くと、東販・日販が自ら書店に対し、「それはアマゾンに注文してください」といっているという話を耳にするくらいだ。

このように、アマゾンに日本の出版業界はすっかり席巻されてしまったが、今後は他の業界でも同様のことが起こるのは間違いない。私は、次に危ないのは医薬品業界ではないかと思っている。

アメリカのサンフランシスコにあるプラクティスフュージョンは、電子カルテを管理するクラウドサービスを無料で提供しているベンチャー企業だ。開業医が高額な電子カルテのシステムを導入するのは簡単ではない。そこで、プラクティスフュージョンは、全米の開業医に自社のクラウドサービスを無料で使わないかと声をかけて、開業後わずか二年で約一五万人の開業医と提携したのである。

プラクティスフュージョンは、その電子カルテシステムを使って、患者のスマートフォンに診療データや処方箋を送り、さらに必要な薬が近所のどのドラッグストアで売られているかという情報も表示する。つまり、薬を売る側から利益を得ているのである。

そして、これに目をつけたアマゾンは、ピルパックというオンライン薬局を買収した。その結果、患者はプラクティスフュージョンから自分のスマートフォンに送られてきた処方箋をアマゾンに転送するだけで、自宅にいながら薬を手に入れられるようになったのである。しかも、月一〇ドル払ってアマゾンのプライム会員になれば、配送料金は無料となり、当日お急ぎ便や日時指定便のサービスまで同様に無料で利用できるのだ。

日本では、カルテの電子化が遅れているのと、日本薬剤師会がいろいろな規制をかけているため、アマゾンがこの分野に入り込むのは容易ではない。しかし、これが世界の潮流なのだから、遅かれ早かれ日本も、この波にさらされることになる。そうなったとき、多くの調剤薬局は消滅するよりほかないだろう。

以下、主要企業・業界における、その他のDXの事例を紹介する。

図5

DXの先進事例①
ネットフリックス社（その1）

Netflix社の沿革

区分		年	内容
アナログ	DVDレンタル	'97年	リード・ヘイスティングス氏とマーク・ランドルフ氏がNetflixを共同創業
		'98年	映画のDVDをウェブでレンタルし、DVDを自宅に郵送するというビジネスモデルでスタート
		'99年	定額制プランの導入。月額15ドルでDVDを本数制限なしにレンタル可能
		'03年	定額で借り放題のDVDレンタルサービスで特許を取得、会員数が100万人を突破
デジタル	動画配信	'07年	ビデオ・オン・デマンド方式によるストリーミング配信サービスを開始
		'10年	米国ビデオ・レンタル大手のブロックバスターが倒産。初の国外進出（カナダ）
	オリジナルドラマ	'12年	オリジナル作品製作開始。会員数5,000万人を突破
		'13年	初期のヒットドラマとなる『ハウス・オブ・カード』が誕生
		'15年	グローバル展開を加速。日本法人を設立
	アニメゲーム	'18年	自社制作映画『ROMA』がアカデミー賞を受賞。オリジナルも含む日本発のアニメ作品を配信
		'19年	自社のオリジナルドラマなどを原作としたゲーム制作を開始。会員数1億5,800万人に

創業者の略歴

氏名：リード・ヘイスティングス
役職：創業者兼CEO
1960年生まれ（59歳）
ボストン出身

- 1983年にボウディン大学（数学科）を卒業
- 大学卒業後は合衆国平和部隊に所属し、エスワティニ王国（旧スワジランド）で高校の数学教師を務める
- 1988年にスタンフォード大学で人工知能の研究によりコンピュータ科学分野の修士号を取得
- 1991年にPure Softwareを創業し、ソフトウェア開発業者向けのツールを開発。'95年に株式公開を行い数件の買収を実施したあと'97年にRational Softwareに売却
- 1997年にNetflixを共同設立
- 地元のビデオレンタル店で延滞料金を請求されたのを機に「延滞料金なしでいつまでも映画を手元に置いておける郵便DVDレンタル」というサブスクモデルを構想

資料：Netflix、ほかより作成 ©BBT大学総合研究所

DXの先進事例①ネットフリックス

DXによってビジネスモデルを変革することに成功した企業のひとつに、アメリカの大手動画配信会社ネットフリックスがある。

現CEOのリード・ヘイスティングス氏（**図5右**）とマーク・ランドルフ氏が共同でネットフリックスを創業したのは一九九七年だ（**図5左**）。当初は観たい映画をウェブでレンタル予約した顧客の自宅に、その映画のDVDを郵送するというビジネスモデルだった。

その二年後に、「月額一五ドルでDVD借り放題」というサービスを開始する。ま

図6

DXの先進事例①
ネットフリックス社（その2）

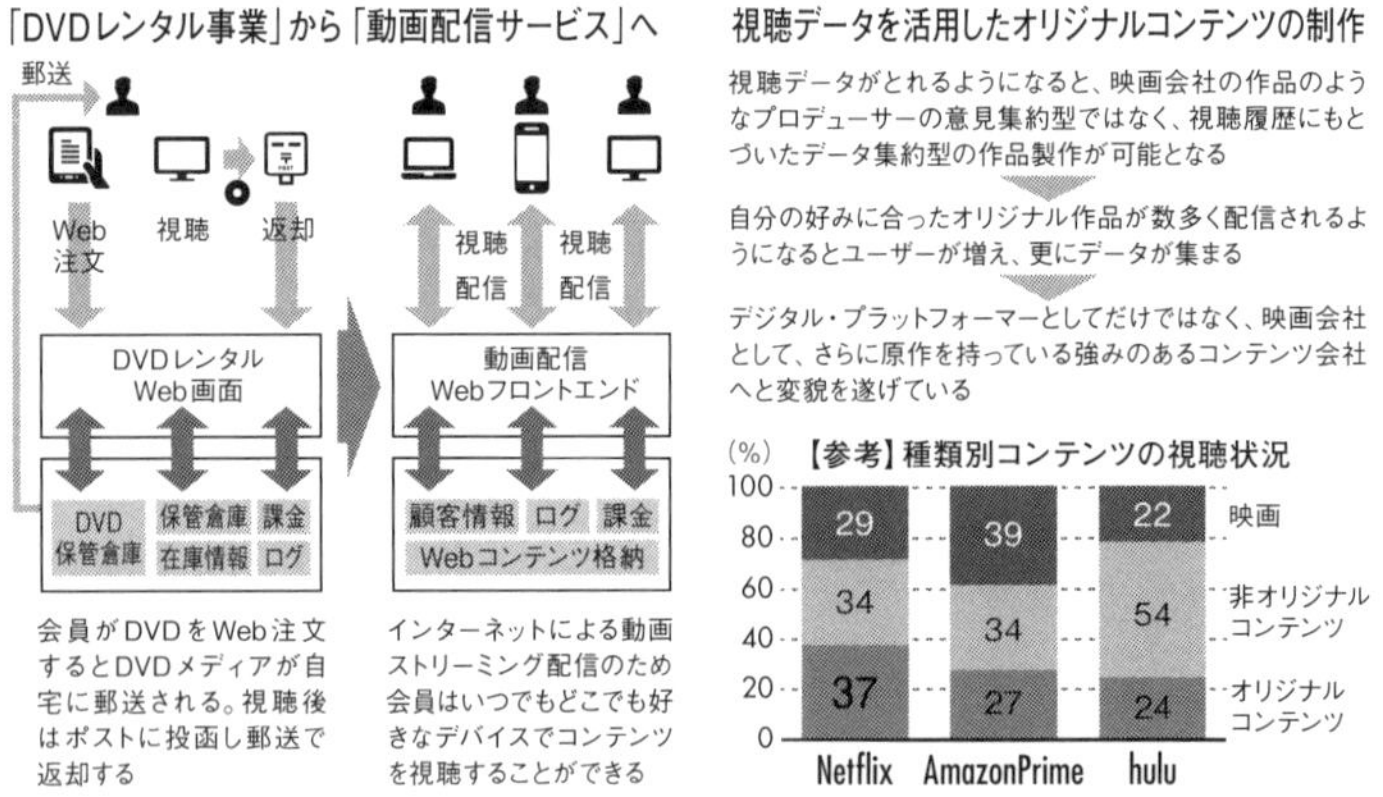

「DVDレンタル事業」から「動画配信サービス」へ
郵送
Web注文
視聴
返却
DVDレンタル
Web画面
DVD保管倉庫
保管倉庫
在庫情報
課金
ログ
視聴
配信
視聴
配信
動画配信
Webフロントエンド
顧客情報
ログ
課金
Webコンテンツ格納
会員がDVDをWeb注文するとDVDメディアが自宅に郵送される。視聴後はポストに投函し郵送で返却する
インターネットによる動画ストリーミング配信のため会員はいつでもどこでも好きなデバイスでコンテンツを視聴することができる
視聴データを活用したオリジナルコンテンツの制作
視聴データがとれるようになると、映画会社の作品のようなプロデューサーの意見集約型ではなく、視聴履歴にもとづいたデータ集約型の作品製作が可能となる
自分の好みに合ったオリジナル作品が数多く配信されるようになるとユーザーが増え、更にデータが集まる
デジタル・プラットフォーマーとしてだけではなく、映画会社として、さらに原作を持っている強みのあるコンテンツ会社へと変貌を遂げている
【参考】種類別コンテンツの視聴状況
(%)
100
80
60
40
20
0
29
34
37
39
34
27
22
54
24
映画
非オリジナルコンテンツ
オリジナルコンテンツ
Netflix
AmazonPrime
hulu

資料：Netflix、ZDNet Japan、ほかより作成 ©BBT大学総合研究所

た、顧客のデータベースを分析して、各顧客が好みそうな作品をお勧めするリコメンデーション機能を生み出したことでも知られている。

二〇〇七年に、ビデオ・オン・デマンド方式によるストリーミング配信サービスを開始（図6左）。さらに二〇一二年になると、自社オリジナルのドラマ、二〇一八年からは自社オリジナルのアニメやゲームの制作も手がけるようになっていく（図6右）。

このようにネットフリックスは、「DVDレンタル」というアナログの事業から、デジタルの動画配信サービスにうまく移行した、まさにDXの典型的な成功例だといっていいだろう。

ただし、今後はディズニーのような強烈なコンテンツを持った企業が、ストリーミ

図7

DXの先進事例②
リクルートホールディングス（その1）

リクルートホールディングスの媒体別売上構成比

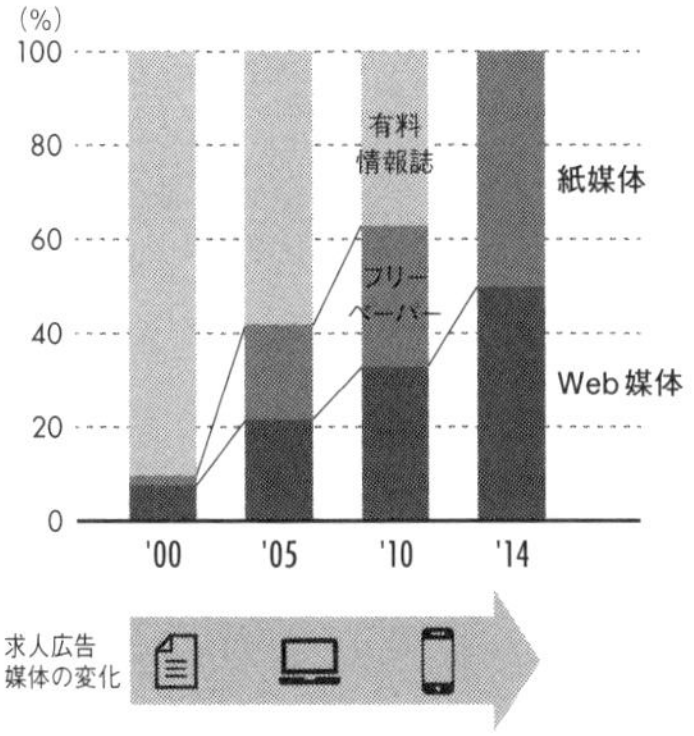
(%)
100
80
60
40
20
0
'00
'05
'10
'14
有料情報誌
紙媒体
フリーペーパー
Web媒体
求人広告媒体の変化

Webシフトを可能にした3つの施策

1 全社スタッフでのR&Dと型化

- マーケティングとITの観点から各カンパニー間に横串を通す新組織「MIT United」を開設
- 各カンパニーが抱える課題の解決策や売上の底上げに向けた施策を検討しビジネスモデルのパターン化を図ることでビジネスの横展開を実現（新卒情報→転職情報→人材派遣→ライフイベント）
- MIT Unitedには社員の1〜2割が所属していた

2 ユーザーから学ぶ姿勢

- リクルートが得意としていた編集者による「ユーザーを動かす」アプローチに加え、「動いたユーザーから学び、狙い撃ちする」アプローチを実践する
- SNS、ブログ、口コミ等からユーザー情報を収集。大量のデータが蓄積されるとユーザーから仮説を教えてもらうことが可能に

3 最適化

- Webメディアの悪い部分や、より良くできる部分を見つけて改善を繰り返していく

資料：リクルートホールディングス、ITmedia、ほかより作成 © BBT大学総合研究所

ングとサブスクリプションモデルという、ネットフリックスと同様のビジネスモデルで参入してくることが予想される。そこからが本当の勝負だといっていい。

DXの先進事例② リクルート

日本のリクルートも、求人広告媒体をアナログの紙からウェブに変化させるというDXに成功した企業の代表例だ。今では、同社の紙媒体とウェブ媒体の売上構成比率はほぼ半々になっている（図7左）。

同社がスムーズにデジタル化できたのは、図7右に表したような3つの施策によるところも大きいが、最大の要因は、創業者の故・江副浩正氏が考案した「入社して一〇年経った社員には、事業資金一〇〇〇万円

図8

DXの先進事例②
リクルートホールディングス（その2）

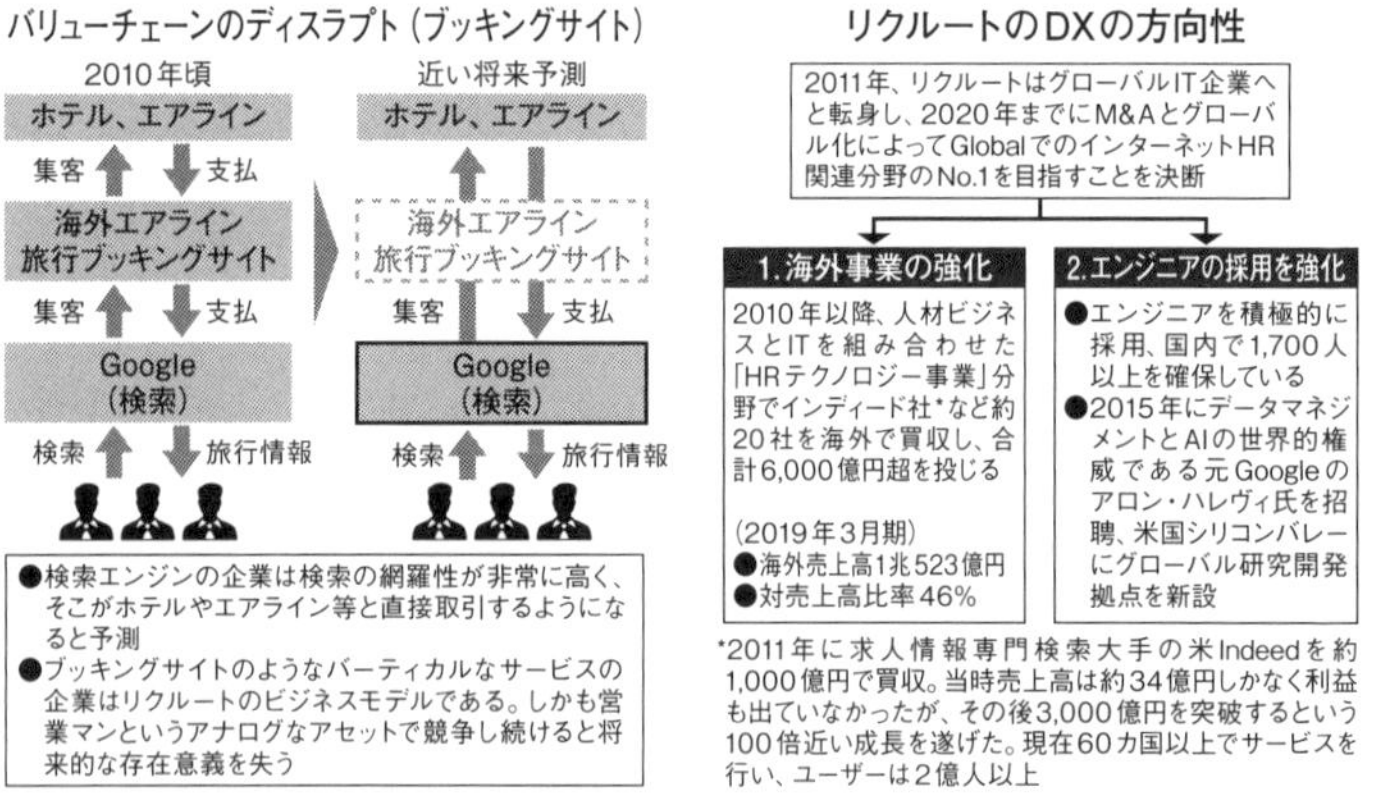
バリューチェーンのディスラプト（ブッキングサイト）
2010年頃
ホテル、エアライン
集客
支払
海外エアライン
旅行ブッキングサイト
集客
支払
Google
（検索）
検索
旅行情報
近い将来予測
ホテル、エアライン
海外エアライン
旅行ブッキングサイト
集客
支払
Google
（検索）
検索
旅行情報
●検索エンジンの企業は検索の網羅性が非常に高く、そこがホテルやエアライン等と直接取引するようになると予測
●ブッキングサイトのようなバーティカルなサービスの企業はリクルートのビジネスモデルである。しかも営業マンというアナログなアセットで競争し続けると将来的な存在意義を失う
リクルートのDXの方向性
2011年、リクルートはグローバルIT企業へと転身し、2020年までにM&Aとグローバル化によってGlobalでのインターネットHR関連分野のNo.1を目指すことを決断
1.海外事業の強化
2010年以降、人材ビジネスとITを組み合わせた「HRテクノロジー事業」分野でインディード社*など約20社を海外で買収し、合計6,000億円超を投じる
（2019年3月期）
●海外売上高1兆523億円
●対売上高比率46%
2.エンジニアの採用を強化
●エンジニアを積極的に採用、国内で1,700人以上を確保している
●2015年にデータマネジメントとAIの世界的権威である元Googleのアロン・ハレヴィ氏を招聘、米国シリコンバレーにグローバル研究開発拠点を新設
*2011年に求人情報専門検索大手の米Indeedを約1,000億円で買収。当時売上高は約34億円しかなく利益も出ていなかったが、その後3,000億円を突破するという100倍近い成長を遂げた。現在60カ国以上でサービスを行い、ユーザーは2億人以上

資料：リクルートホールディングス、ほか各種報道資料より作成 © BBT大学総合研究所

を支給して独立を促す」という三二歳定年制度にあると私は見ている。

現在は三八歳まで定年は伸びているそうだが、それでも日本企業の中では異例の早さだ。三八歳で辞めて独立することが前提だと、社員は入社時から必死で勉強する。そして、同社発のスタートアップの大半は、インターネットを利用した事業を手がけるという。

さらに、その中で将来性がありそうな事業には、リクルート本体が積極的に投資を行い、グループに取り込んでいくため、有機的に拡大して、さらに強い会社になっていくのである。

エクスペディア、一休、楽天トラベルといったブッキングサイトは、リクルート型のビジネスモデルだといえる（図8左）。

現在は、利用者はまずグーグルのような検索エンジンからブッキングサイトに入り、そこからホテルや航空会社のサイトに入るという順番になっている。

しかし、近い将来、グーグルから直接ホテルなどの予約ができるようになるのは間違いない。つまり、バリューチェーンのディスラプト（破壊）が起こって、ブッキングサイトは必要なくなるのだ。

リクルートのDXの方向性は明確だ。二〇一一年の時点でリクルートはグローバルIT企業への転身を決め、二〇二〇年までにグローバルでのインターネットHR関連分野のナンバーワンを目指すと宣言している（図8右）。そして、そのために以下の二点の強化を開始した。

そのひとつは、海外事業である。二〇一〇年以降、人材ビジネスとITを組み合わせたHRテクノロジー事業分野で、求人情報専門検索大手の米インディードなど約二〇社を買収し、その費用に合計六〇〇〇億円超を投じている。

もうひとつが、エンジニアの採用だ。これまでリクルートに就職するエンジニアはほとんどいなかったが、二〇一一年以降積極的に採用するようになった結果、現在では国内だけでも一七〇〇人以上のエンジニアを抱える、デジタルエンジニア会社になった。

また、二〇一五年にはデータマネジメントとAIの世界的権威である元グーグルのアロン・ハレヴィ氏を招聘《しょうへい》し、シリコンバレーにグローバル研究開発拠点を新設している。

図9

DXの先進事例③ ウォルマート

米国小売業（EC）の状況

米国のEC企業ランキング（上位5社）

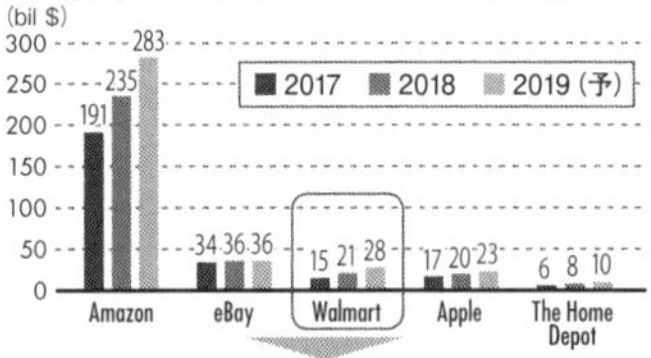
(bil $)
300
250
200
150
100
50
0
2017
2018
2019（予）
191
235
283
34
36
36
15
21
28
17
20
23
6
8
10
Amazon
eBay
Walmart
Apple
The Home Depot

- 米国のEC市場は急拡大しており「速さと利便性」を求める消費者ニーズを満たしたAmazonが5割のシェアを確保している
- 元々ウォルマートの価値であった「金銭的な負担を減らし人々の生活を向上させる」の中でも「金銭的負担減」の部分にフォーカスしすぎて「生活の向上」に取り組めていなかった
- IT技術が向上し、情報が溢れる現在では「時間や手間の短縮」が「生活の向上」のために必要になっているが、この部分に着目していなかった

ウォルマートのDX

1 ウォルマートの価値を再定義

- 「live better」を再定義して、「ウォルマートのために生活してもらうのではなく、あなたの忙しい生活の中にウォルマートが自然に存在できるようにする」というコンセプトを作成

2 Webと店舗の最適化

- 1兆円を投資して500店舗を改装。オンライン注文のフルフィルメントや配達を行うハブとして最適化された店舗へと生まれ変わらせる。オンラインで注文を行い、店舗内のピックアップタワーで商品を受け取ることも可能

3 M&Aでデジタル化を遂行

- 2011年4月にシリコンバレーに拠点を置くSNS関連のコスミックス社を3億ドルで買収したのを機にM&Aを推進

■ウォルマートのDIGITAL＋REALが奏功し始めている

- 全米5,000の店舗を配送拠点として活用し、顧客の自宅までの「ラストワンマイル」を担う
- 新サービス「インホーム・デリバリー」は、従業員が特殊な機器を使った「スマートエントリー」と呼ばれる技術で鍵を解除して利用者の留守宅に入り、商品を冷蔵庫の中まで届ける
- 年98ドルで何回でも追加料金なしで宅配するサービスを開始

資料：Walmart、statista.com、ほかより作成© BBT大学総合研究所

DXの先進事例③　ウォルマート

アメリカの小売業界は、eコマースの登場によって既存の小売店が大打撃を受けた。とくにアマゾンの影響は大きく（図9左）、小売店が閉鎖や倒産に追い込まれる事態を指す「アマゾンエフェクト」という言葉まで生まれた。

だが、ここにきて小売店側も巻き返しに出た。その筆頭がウォルマートだ（図9右）。

同社は「金銭的な負担を減らし、人々の生活を向上させる」という自社の提供価値を再定義し、「ウォルマートのために生活してもらうのではなく、あなたの忙しい生活の中にウォルマートが自然に存在できるようにする」という新たなコンセプトを打

ち出した（図9左）。

さらに、約一億円を投資して五〇〇店舗を改装し、オンライン注文のフルフィルメント（商品が発送されてからエンドユーザーに届くまでに必要な業務全般）や配達のハブ（拠点）としての最適化を図っている。このサービスは「ＢＯＰＩＳ（ボピス）」と呼ばれ、Buy Online Pick-up In Store、すなわちオンラインで注文・決済を行い、店舗内のピックアップタワー（オンラインで注文した商品を店舗で受け取るためのピックアップ専用の自販機）で受け取ることを可能にしている。加えて、二〇一一年四月に、シリコンバレーに拠点を置くＳＮＳ関連のコスミックスを三億ドルで買収するなど、積極的にＭ＆Ａを行ってデジタル化を進めている。

ウォルマートが目指すのは、「ネットとリアルの融合」だ。

その象徴といえるのが、「インホーム・デリバリー」という新サービスである。顧客は年間九八ドルを払うと、注文した商品を自宅まで届けてもらえるのだ。このサービスが画期的なのは、「顧客が不在でも対応できる」という点である。「スマートエントリー」という技術を使うと、安全性を担保しながら鍵を解除できるため、顧客が留守でもウォルマートの従業員が室内に入り、商品を冷蔵庫の中に入れておいてくれるのである。全米にある約五〇〇〇もの店舗を配送拠点として活用できるのは、ウォルマートならではだ。

このように、ウォルマートはリアルがあることを、逆に強みにしている。今度は逆にアマゾンが脅威を感じ始めるかもしれない。

図10

DXの先進事例④
フォルクスワーゲン（VW）

VWの新経営戦略「Together – Strategy 2025」

- 2016年6月、独フォルクスワーゲンは10年目線の新グループ戦略「TOGETHER-STRATEGY 2025」を発表。4つの分野で取り組むべき課題と目標を明らかにした
- 史上最大の変革（トランスフォーメーション）を果たし、「世界有数の持続可能なモビリティプロバイダー」を目指す

コアビジネスの変革	●電動化：18年までに電動車を10車種投入、25年までにBEVを30車種以上投入し、年間200-300万台販売 ●バッテリー技術の開発：リチウムイオン電池からソリッドステート電池へ、20年に試験生産 ●自動運転システムの開発：21年までに自社開発の自動運転車を投入 ●20年4月から新車販売をデジタル化し直接販売を検討 ●部品ビジネスの再編
モビリティサービスの構築	モビリティサービス会社MOIAと、16年5月に提携したオンデマンド配車サービス会社Gettを通じて、カーシェアリングおよび輸送サービス事業を拡大。25年までに数十億ドル規模の売上達成を目指す
イノベーションパワーの強化	技術開発職で新たに約2000人の雇用を増やす。M&Aや提携等を通じて製造から顧客との接点に至るまで各分野・各ブランドのデジタル化を推進。AIの利用
資金の確保	25年までの設備投資比率を6%以下、開発コスト比率を6%以下に削減し、新しい分野へ進出する資金を捻出する

VWが考える自動車産業の変化

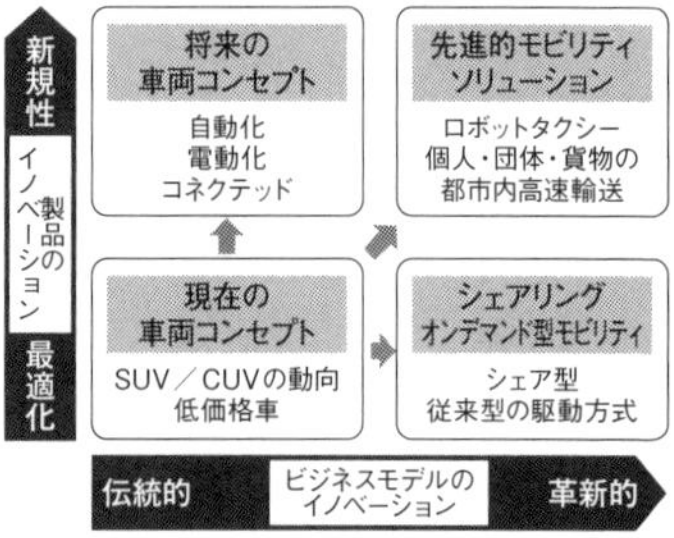

新規性
製品のイノベーション
最適化
将来の車両コンセプト
自動化
電動化
コネクテッド
先進的モビリティソリューション
ロボットタクシー
個人・団体・貨物の
都市内高速輸送
現在の車両コンセプト
SUV／CUVの動向
低価格車
シェアリング
オンデマンド型モビリティ
シェア型
従来型の駆動方式
伝統的
ビジネスモデルのイノベーション
革新的

- 中長期的には、少なくとも二つの点で、自動車量販ビジネスの成長の持続性に疑問が生じる
  ①自動車の保有拡大が物理的に限界を迎えうる
  ②自動車保有形態の変化が挙げられる
- EV化や製造のデジタル化により自動車部品点数が減少する
  現在：3万点→ EV化：3千点→ 3Dプリンタ製造：300点

資料：VW、みずほ銀行産業調査部、MARKLINES、ほかより作成 ©BBT大学総合研究所

DXの先進事例④
フォルクスワーゲン

ドイツのフォルクスワーゲンは、二〇一六年六月、一〇年先までをにらんだ新グループ戦略として、「Together-Strategy 2025」を発表し、「コアビジネスの変革」「モビリティサービスの構築」「イノベーションパワーの強化」「資金の確保」の四つの分野で、取り組むべき課題と目標を明らかにした（図10左）。

史上最大のトランスフォーメーション（変革）を起こし、世界有数の持続可能なモビリティプロバイダーを目指す方向に、舵を切ったのである。

その背景にあるのが、現在の自動車量販

ビジネスの限界だ（図10右）。シェアリングのような形態が広がることによって、世界の自動車の保有台数は確実に頭打ちになる。また、EV（電気自動車）や製造のデジタル化が進むと、自動車の部品点数が激減する。

このような自動車産業の変化に対応するため、同社はいち早くDXを取り入れたのである。

もちろん、状況の変化は世界中どこの自動車会社も同じだ。だが、ロボットが車を自動運転する時代がもう目の前まで来ているというのに、日本の自動車メーカーはいまだに“FUN TO DRIVE”とか“Be a driver”などといっている。

組織の上層部が内燃機関での成功体験が染みついた人たちばかりで構成されていると、頭では「変化しなければならない」と理解できても、思い切った改革がなかなかできないものだ。そこがDXの難しいところなのである。

DXの先進事例⑤　タクシー業界

二〇〇九年にサンフランシスコで創業したウーバーは、瞬く間に世界中に広まった。だが、配車サービスの展開に関して、日本では苦戦を強いられている。理由は規制だ。

サラリーマンが帰宅後、副業として自分の車を使ってタクシー業務ができるのが、ウーバーの人気の秘密だ。オーストラリアでは、二五〇ドル支払ってライセンスをもらえば、すぐにドラ

図11

DXの先進事例⑤ タクシー業界

対抗→提携? 日本交通（本社：東京都千代田区）

ディスラプトを仕掛けてきたUberとは心情的に組めない

1. 配車アプリ「全国タクシー」

- 全国約650社、約5万台のタクシーに対応
- IT子会社「JapanTaxi」でアプリを開発、展開
  川鍋氏が同社社長に就任、DXを実行するために自らプログラミングスクールに通って最初のシステムを作った。
  全員が中途採用、平均年齢34歳
  社員の約半数がエンジニア、17%がマーケティング
- AI配車：
  乗車履歴に加え、開催中のイベントや気象、鉄道情報等を組み合わせてAIが分析。乗車需要が多い場所を提示

2. 訪日需要の取り込み（東南ア客）

- 2019年11月からシンガポールの配車サービス「グラブ」と提携、同社の配車アプリを日本でも使えるようにした
- 海外の配車アプリ企業と片っ端から提携しても矛盾はない。日本に来たときに使える、というだけで十分
- 逆に海外に行ったときに現地でトップの配車アプリを呼べるようにする事も課題

提携 第一交通（本社：福岡県北九州市）

タクシー配車サービスで、滴滴出行・Uberと提携

1. ライドシェアは実施しない

- スマホを使った配車サービスだけを提供
- ソフトバンクと共同で滴滴出行の日本向けアプリを開発、白タク行為を防ぐ機能を追加
- 外国人客が使い慣れたアプリを日本で使えないと不便。日本の交通業界や観光業界にマイナス
- AlipayやWeChat Pay、PayPayなどモバイル決済の導入を推進

2. 敵はカーシェア、自転車シェア

- 都市内の近距離移動という点で見れば、競争相手は他業界
- 通信業者やIT企業が異業種から参入している（NTTドコモ、ソフトバンク、DeNAなど）

資料：日本交通、第一交通、日経BPムック『デジタルトランスフォーメーション DXの衝撃』©BBT大学総合研究所

イバーとしてお客を自分の車に乗せて移動させることができる。

ところが、日本では、タクシーやハイヤーのような旅客自動車を運転する人は、二種免許を取らなければならない。オーストラリアのように、ライセンス料を支払えばすぐにウーバーの運転手になれるというわけにはいかないのだ。

それでも日本のタクシー業界は、ディスラプターのウーバーが日本市場に入ってくることに対し、相当な危機感を抱いていた。

たとえば、日本交通はウーバーに対抗するために、全国約六五〇のタクシー会社と連携して、独自の配車アプリ「全国タクシー（現JapanTaxi）」を立ち上げ、約五万台のタクシーをこのアプリに対応させた。また、乗車需要の多い地域をＡＩが分析して、

そこに重点的に車を誘導するＡＩ配車も行っている（図11左）。

さらに、二〇一九年一一月からは、海外からの訪日客需要を取り込むため、シンガポールを拠点に東南アジア各国で配車やデリバリーサービスを展開しているグラブと提携した。これで同社のアプリと決済方式を使って、全国のタクシーがネットワークしているタクシー会社のタクシーを利用できるようになった。

この日本交通と対照的に、「ディスラプターと積極的に手を組む」という戦略を採っているところもある（図11右）。福岡県北九州市に本社を置く第一交通は、ウーバー、それから中国のディディ（滴滴出行）と提携し、配車サービスを始めた。九州は中国人観光客も多いため、彼らが日ごろ利用している「アリペイ（Alipay）」や「ウィーチャットペイ（WeChat Pay）」での支払いにも対応している。

ただ、都市内の近距離移動という観点からは、カーシェアや自転車シェアが今後はタクシーの競争相手となるかもしれない。

ＤＸの先進事例⑥　アパレル業界

先進国では、若者のファッション離れが進んでいる。とくに新品の市場が縮小傾向にあり、購入単価も下落している。一方で、ＥＣは好調だ。

図12

DXの先進事例⑥ ストライプインターナショナル

市場環境

- 先進国では若者のファッション離れが進む
- 中古やレンタルの市場は伸びるが、新品の市場は縮小傾向にある。購入単価も下落している
- 店舗販売は減少、一方でECが伸びている
- AmazonやITベンチャーがディスラプトを仕掛けている（EC、サブスク、中古売買等）

アパレル企業に求められる対応

- 多様化する顧客ニーズに合わせ、一人一人に向けた商品・サービスを提供する必要がある
- 実店舗やECもいずれはアマゾン等にディスラプトされる可能性があるが、「サブスク」は顧客を奪われにくいサービス

1 定額制ファッションレンタルサービス

メチャカリ
- 月額5,800円で手元に3点までおける
- 60日借り続けたアイテムは返却不要
- 新品を貸し、戻ってきた服は自社の古着サイトで販売

2 シームレス（リアルとネットの融合）

- 日本国内に1,500店舗ほどある実店舗、自社ECサイトやアプリなど、それぞれの接点から得られたデータから、オン／オフラインを問わず顧客を軸に考えて、一人一人に向けた体験作りを目指す
- デジタルトランスフォーメーション本部が主導し、ブランドや事業部門に横串を入れる

3 プラットフォーム戦略

- 有料会員が20万人、1人年6万円以上入るので100億円以上のプラットフォームになることを目指す
- 将来的にはプラットフォームのシステム支援を事業化する
- アパレル企業がレンタル事業を開始した際には、同社の技術やノウハウを提供し、システム面をサポートする

資料：ストライプインターナショナル、ほか各種報道・記事より作成 ©BBT大学総合研究所

しかし、この先アマゾンやITベンチャーがディスラプトを仕掛けてくると、店舗だけでなく、ECでも一気に顧客を奪われる可能性が大だ。

そんな日本のアパレル業界におけるDXの先駆けのひとつが、ストライプインターナショナルだ（図12）。

同社が提供している定額制ファッションレンタルサービス「メチャカリ」は、月額五八〇〇円で服を三着レンタルできるというものだ。貸し出すのは新品のみで、戻ってきた服は自社の中古サイトで販売する。二〇二〇年七月からは、新たに二九〇〇円で一着レンタルできるライトプランも加わった（詳細は第六章を参照）。

日本国内に一五〇〇近くある実店舗とECサイトやアプリから入手したデータをシ

図13

DXが進まない理由

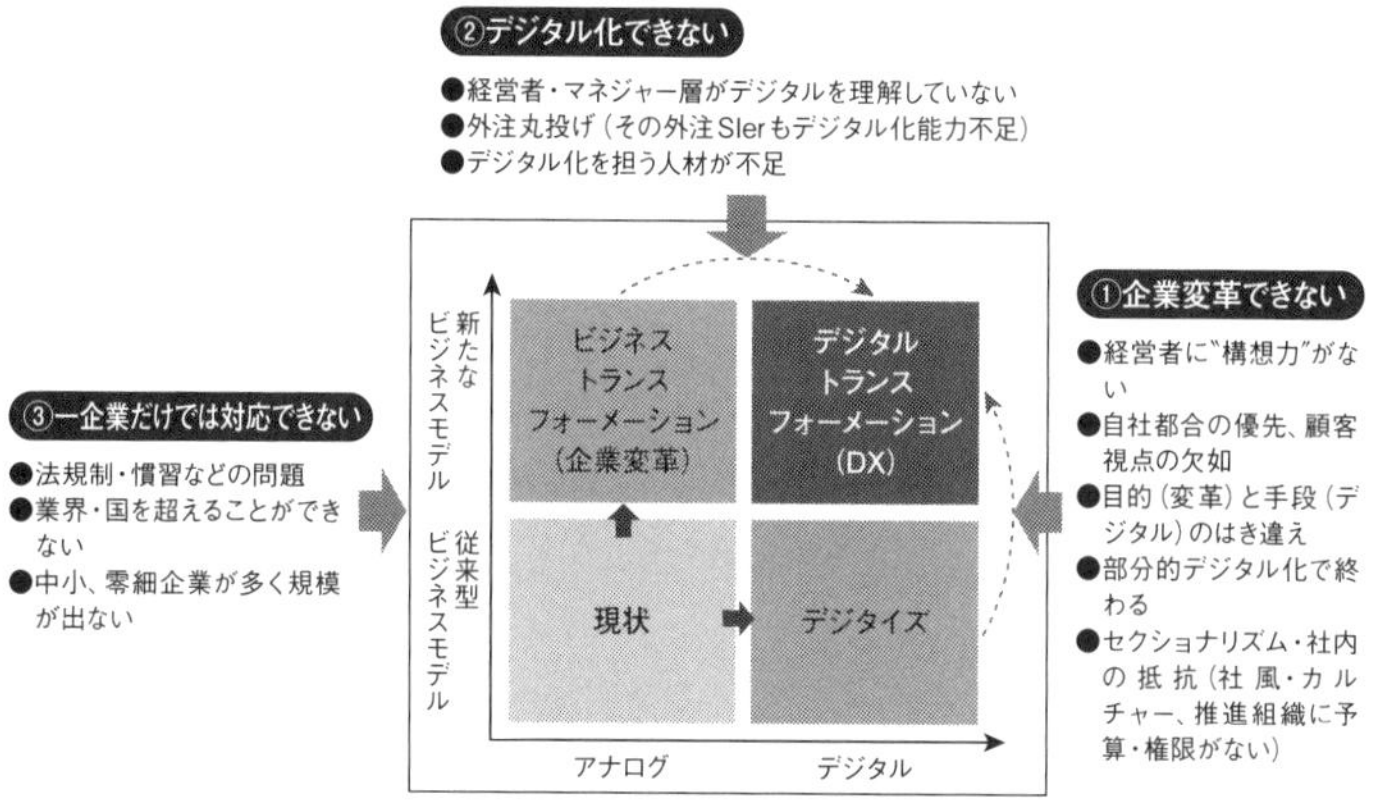
②デジタル化できない
●経営者・マネジャー層がデジタルを理解していない
●外注丸投げ（その外注SIerもデジタル化能力不足）
●デジタル化を担う人材が不足
①企業変革できない
●経営者に"構想力"がない
●自社都合の優先、顧客視点の欠如
●目的（変革）と手段（デジタル）のはき違え
●部分的デジタル化で終わる
●セクショナリズム・社内の抵抗（社風・カルチャー、推進組織に予算・権限がない）
③一企業だけでは対応できない
●法規制・慣習などの問題
●業界・国を超えることができない
●中小、零細企業が多く規模が出ない
新たなビジネスモデル
従来型ビジネスモデル
ビジネストランスフォーメーション（企業変革）
デジタルトランスフォーメーション（DX）
現状
デジタイズ
アナログ
デジタル

資料：BBT大学総合研究所 ©BBT大学総合研究所

ームレスに利用するなど、同社ではリアルとネットの融合がうまくいっている。

企業でDXが進まない三つの要因

企業でDXが進まないのはなぜか。主な理由は次の三つだ（図13）。

1．企業変革ができない

とくに歴史の長い企業ほど、変化に対する社内の抵抗が大きく、デジタル化を進めても部分的で中途半端に終わってしまうことが少なくない（次ページ図14）。

たとえば、アメリカのGEは、ジェフ・イメルト氏がCEOを務めていた時代に「デジタル・インダストリアル・カンパニ

図14

DXで企業変革まで至らない事例

	GE（米国）	BBC（英国）	三越伊勢丹（日本橋三越店）
DXの取組	●イメルト元CEOが「デジタル・インダストリアル・カンパニー」構想を打出し、産業用IoT基盤ソフト「プレディクス」の販売を推進	●コスト削減を目的として、番組制作・アーカイブ運営を統合・デジタル化するプロジェクトを開始（08年）	●社長が「DX」施策を掲げ、EC強化や接客のデジタル化などを推進 ●店内コンシェルジュにデジタル端末を配布し、顧客との会話、顧客の趣味等を打ち込むように指示
問題となったこと	●自社向け（航空機等）に設計した基盤ソフトは外部企業にとって使い勝手が悪く、販売が伸び悩む ●GE製のハードと抱き合わせの商談も評判が悪かった ●製造業顧客の利便性ではなく、ツールの販売が目的化してしまった	●経営陣の関心が、制作手法標準化等の「業務オペレーション」の改善よりも、「技術面」に関心が向かっていた ●プロジェクトの統括責任者がいなかったため、業務側ユーザーからの頻繁な変更要請に振り回され、開発・リリースが計画よりも遅れた	●VIP顧客のセンシティブな情報を、店全体で共有していない ●M-Tカードを持っていれば、どこのコーナーに行ってもぴったりのサイズがすぐにわかるようにする、テーラーメードのワイシャツは生地だけ選べば自宅に送ってくれる、宅配依頼をいちいち書き込ませない、など顧客の利便性が全く考えられていない
結果	GE全社の収益が落ち込み、イメルト氏が退任に追い込まれ、デジタル事業部門が売却・分社化の対象に	6年間で約150億円を費やしたが、開発したシステムは利用されず、経費削減効果ゼロに終わった	●顧客の声・実態を無視したデジタルツールの導入により現場が混乱 ●リニューアル後、基幹3店で唯一の対前年同月比マイナスとなった

資料：「日本経済新聞」「JRIレビュー 2016 Vol.6 No.36」「週刊ダイヤモンド2019年1月19日号」©BBT大学総合研究所

ー」構想を打ち出し、産業用IoT基盤ソフト「プレディクス」の販売を開始するなど、DXに対する取り組みは早かった。

しかし、プレディクスは自社向けに設計したこともあって、外部企業には使い勝手が悪く販売が伸びず、またGE製のハードとの抱き合わせ販売の評判も悪かった。結局、デジタル化によって顧客の利便性を高めるよりも、ツールの販売自体が目的化してしまったのだ。

その結果、GE全社の収益が落ち込み、イメルト氏はCEO退任に追い込まれた。そして、デジタル事業部門も売却や分社化の対象になってしまったのである。

また、イギリスのBBCは、二〇〇八年にコスト削減を目的として番組制作とアーカイブ運営を統合、デジタル化するプロジェクトを開始した。

だが、経営陣の関心は業務オペレーションの改善よりも、もっぱら技術面にあった。プロジェクトの統括責任者がいなかったこともあり、現場からのたび重なる変更要請に技術者は振り回され、開発やリリースは予定よりも大幅に遅れた。

最終的に六年間で約一五〇億円も投資したにもかかわらず、開発したシステムが使われることはなく、経費削減効果はゼロに終わってしまった。

日本の三越伊勢丹も、トップが他社に先駆けてＤＸに取り組むと宣言し、店内のコンシェルジュにデジタル端末を持たせ、顧客の趣味嗜好などを記録させようとした。ところが、ＶＩＰ顧客のセンシティブな情報が共有されず、宅配便の送り状は顧客本人が毎回記入、ワイシャツの寸法も買い物のたびに測り直すなど、顧客の利便性はまるで改善されず、逆にデジタルツールの導入で現場は混乱した。その結果、ＤＸの施策を行った店舗だけが、基幹三店舗の中で唯一前年同月比マイナスとなってしまった。

2. デジタル化ができない

そもそも経営トップがデジタル化の何たるかを理解していなければ、ＤＸなどできるわけがない。わからないからその必要性が感じられず、そのための十分な投資をしないからだ（図15左）。

図15

DXが進まない根本的原因

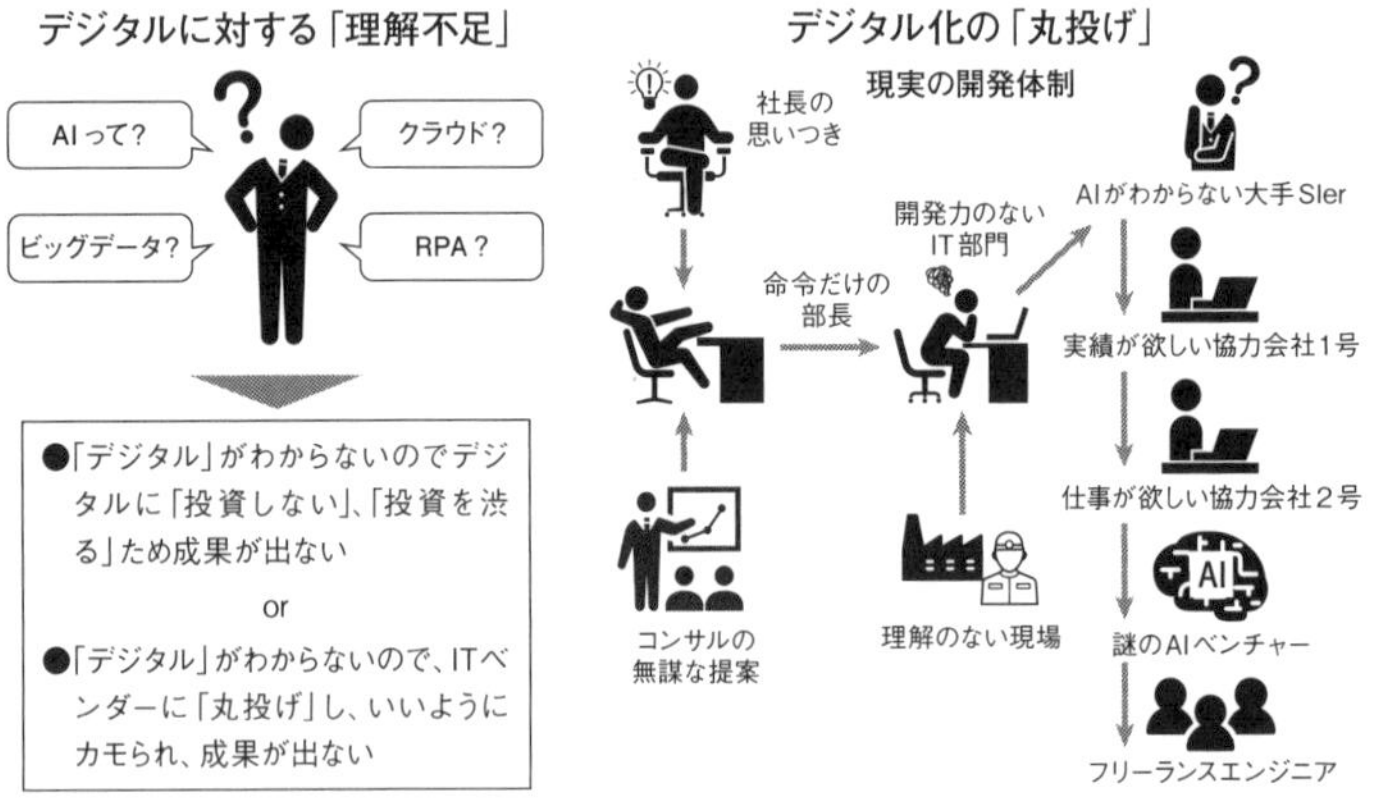

デジタルに対する「理解不足」
AIって?
クラウド?
ビッグデータ?
RPA?
●「デジタル」がわからないのでデジタルに「投資しない」、「投資を渋る」ため成果が出ない
or
●「デジタル」がわからないので、ITベンダーに「丸投げ」し、いいようにカモられ、成果が出ない
デジタル化の「丸投げ」
現実の開発体制
社長の思いつき
命令だけの部長
開発力のないIT部門
コンサルの無謀な提案
理解のない現場
AIがわからない大手SIer
実績が欲しい協力会社1号
仕事が欲しい協力会社2号
AI
謎のAIベンチャー
フリーランスエンジニア

資料:「日経XTech 2019.07.23」、ITmedia「AI開発ミステリー そして誰も作らなかった」©BBT大学総合研究所

逆に、わからないからITベンダーにデジタル化を丸投げしてしまうというケースもある。しかし、たいていはいいようにカモにされ、成果は出ない(図15右)。

前述した全国タクシーアプリを立ち上げた日本交通の川鍋一朗氏や、預かり資産ナンバーワンのロボアドバイザーを運用するウェルスナビの柴山和久氏のように、自らプログラミングを学んで簡単なプログラムくらい書いてしまうようなトップでなければ、デジタル化を成功させるのは難しいといわざるを得ない。

こういうと、「なにもトップが自らプログラミングを学ばなくても、優秀なデジタル人材を採用すればいいのではないか」と考える人もいるだろう。だが、そもそも会社自体に魅力がなければ、データサイエン

図16

デジタル化を担う優秀な人材の考え方

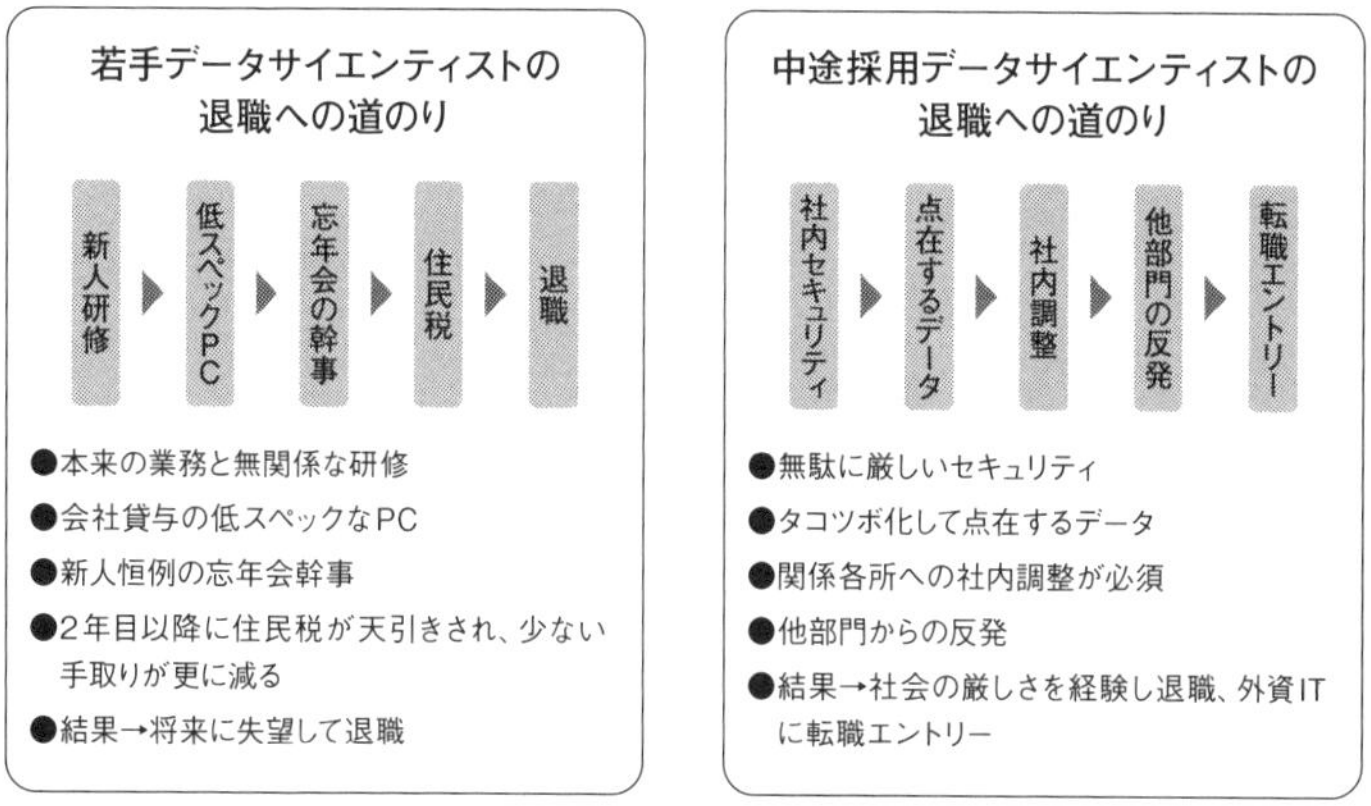
若手データサイエンティストの
退職への道のり
新人研修
低スペックPC
忘年会の幹事
住民税
退職
●本来の業務と無関係な研修
●会社貸与の低スペックなPC
●新人恒例の忘年会幹事
●2年目以降に住民税が天引きされ、少ない手取りが更に減る
●結果→将来に失望して退職
中途採用データサイエンティストの
退職への道のり
社内セキュリティ
点在するデータ
社内調整
他部門の反発
転職エントリー
●無駄に厳しいセキュリティ
●タコツボ化して点在するデータ
●関係各所への社内調整が必須
●他部門からの反発
●結果→社会の厳しさを経験し退職、外資ITに転職エントリー

資料：ITmedia「データサイエンティスト・ラプソディ」©BBT大学総合研究所

ティストといったデジタル化を担う優秀な人材から見向きもされないだろうし、仮に採用できてもすぐに辞めてしまうだろう（図16）。

　歴史の古い企業がデジタル人材を採用する場合、グループ内に別会社をつくって、彼らが働きやすい環境を用意する、あるいはドワンゴのように高校生のうちからインターンシップでつかまえておく、などの工夫が必要だ。

3. 一企業だけでは対応できない

　各業界に存在する規制のためにDXが遅れている例を挙げよう（次ページ図17右）。

　まず建築確認申請では、容積率、建蔽《けんぺい》率、高さ制限、土地の用途などを、日本では国

図17

DXが進まない業界・産業が多い理由

行政手続き（電子行政）

エストニア

国民は「ICチップ」の入った「IDカード」を所有することで、結婚・離婚・不動産取引以外の全行政サービスをスマホ一つで完結

- 決済や口座の出し入れまで国家電子銀行を通じて行われ「銀行は不要」に
- 税金も自動的に計算するため、「税理士も不要」

日本

「デジタルファースト法案」により、行政手続きをネットで一元化させることを閣議決定

- 「マイナンバーカードを健康保険証として利用可能」が「マイナンバーや紙製の通知を廃止」に
- しかし、スマホの「SIMチップ」に「IDカード」が入るのかどうか肝心なことには触れていない

- 日本はエストニアのようにやるのか、淘汰される業界・役人数の激減などの問題も見えるようにするべき
- 本質的に「コモン・データベース」法が必須

各業界の規制でDXが遅れた例（国内）

建築確認申請

- 建築関連法令適合性の可否以外は、上下水道管、ガス管、電話線、埋設物の問題だけ
- 水道局、ガス会社、NTTなどと連携して情報を共有すればよいだけ。データ入力すれば一瞬で判別できる
- シンガポールは、CADで作成した図面をネットで送れば、OK/NOの判定がすぐに返ってくる

オンライン診療

- 日本では長い間、患者の手術をするときには、医師と患者が同じ部屋にいなければならないという医師法の縛りがあった
- オンライン診療の指針改定により、専門医の手術や診察を受けやすくし、医療の効率化や利便性を高めるという
- マレーシアでは、30年前に議論していたこと

貨物・軽自動車運送の許可

- インドネシアの配車アプリ「ゴジェック」は、人を運ぶだけでなく、荷物・書類・料理のデリバリー、買い物代行、マッサージ師派遣等の「便利屋サービス」で成長
- このような「便利屋サービス事業」を日本で展開しようにも、日本では規制があって簡単には実施できない

資料：「大前研一通信」、ほか各種記事より作成 ©BBT大学総合研究所

が勝手に決めている。しかも認可するかどうかは役人の裁量だ。一方、シンガポールでは、CADで作成した図面をネットで送れば、すぐに建築の可否が判明する。そこに役人の裁量など介在する余地はない。日本も見習うべきだ。

それから、オンライン診療である。わが国では、「患者の手術をするとき、医師と患者が同じ部屋にいなければならない」という定めが医師法にあり、これが長らくオンライン診療導入の妨げとなっていた。ようやくオンライン診療ガイドラインが改定され、運用が始まったのは、二〇一九年七月のことである。ただし、すでに三〇年前から議論されているマレーシアと比べたら、いささか遅すぎるといわざるを得ない。コロナ禍で従来の規制がだいぶ緩んだが、そ

もそも「初診」などという概念があること自体、オンラインの発想とはかけ離れたものだ。メドレーのようなオンライン診療主体の企業の時価総額が約一五〇〇億円にもなっており、市場がDXを要求しているのが現状だ。

貨物や軽自動車運送の許可も同様だ。インドネシアの配車サービス会社ゴジェックは人を運ぶだけではない。荷物・書類・料理のデリバリー、買い物代行、マッサージ師の派遣といったことまで、ひとつのアプリで対応できてしまうのだ。しかし、日本ではこういった便利屋サービス事業を始めようにも、規制がありすぎて簡単には実施できないのである。

「電子国家」といわれているエストニアでは、国民はICチップの入ったIDカードを所持している（図17左）。これさえあれば、結婚、離婚、不動産取引以外の全行政サービスをスマートフォンだけで完結できるのだ。

また、決済や口座の出し入れも国家電子銀行を通じて行われるため、銀行は不要、税金も自動的に計算できてしまうので、税理士も要らない。

インドには日本のマイナンバーにあたるアーダール（Aadhaar）番号がある。ただし、マイナンバーと違って、こちらは生体認証機能付きだ。これをモディ首相に頼まれたインフォシスの元会長であるナンダン・ニレカニ氏が、あっという間に一三億人分つくってしまったのである。

さらに、インドでは、「デジタル国家にするには現金からネットに移行しなければならない」と、力わざで二種類の高額紙幣を撤廃してしまった。こうしてあらゆる決済をスマートフォンでできるようにしたおかげで、インドの大部分を占める銀行の支店のない地域に暮らす人も、不便を感じなくてすむようになったのである。

さて、日本はどうか。二〇一九年五月、デジタルファースト法が成立した。これによってマイナンバーの個人番号を知らせる「通知カード」は廃止される。今後は行政手続きの電子化を進めていくが、それにはマイナンバーカードの活用が欠かせないという。ただし、スマートフォンのSIMチップにIDカードの情報が入るかどうかといった肝心なことがまだ決まっていない。

これに関しては、パスポートや運転免許証から医療カルテまでをカバーする個人情報を一元管理してIC化するコモン・データベース法を一刻も早く整備すべしというのが私の意見だ。そうなると、マイナンバーカードにこだわるのはむしろやめたほうがいい。自治体別にIT、ゼネコンがバラバラにつくってしまったものをお色直しするよりも、ゼロからシステムをつくったほうが、よほど使い勝手のいいものができるはずだ。ゲームなどをつくる力のある高校生に頼んだほうが、役所がIT、ゼネコンに発注するより、よほどいいものが安くできるはずである。

DXでビジネスをどう変えるか

DXの必要性を感じて取り組むのはいいが、順番を間違えてはいけない。得てして「まずデジタル担当組織をつくろう」「AI／IoTを使って何かやってみよう」などと、手段から入ろ

図18

DXは手段／手法から入るのではなく、まず顧客視点から

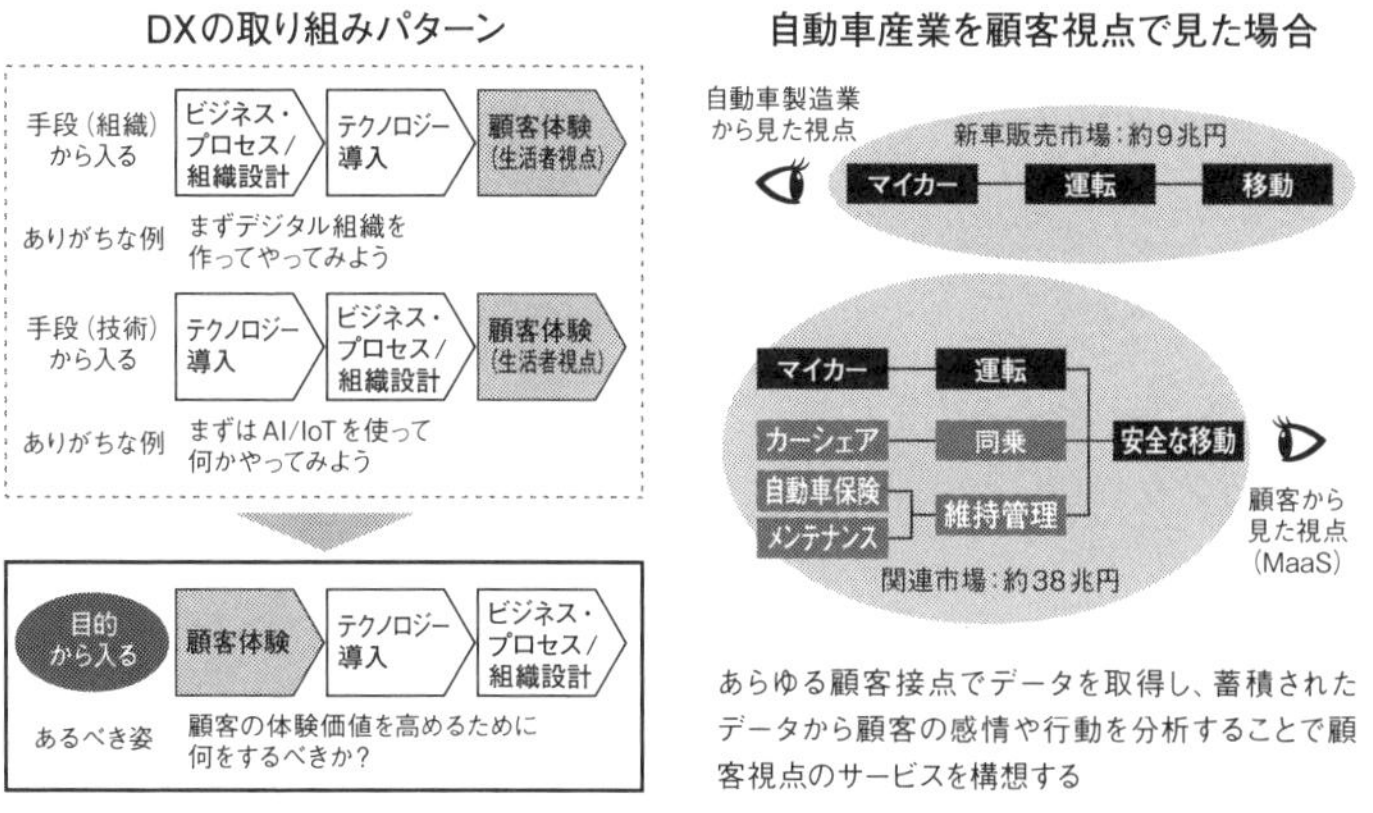
DXの取り組みパターン
手段（組織）から入る
ビジネス・プロセス/組織設計
テクノロジー導入
顧客体験（生活者視点）
ありがちな例
まずデジタル組織を作ってやってみよう
手段（技術）から入る
テクノロジー導入
ビジネス・プロセス/組織設計
顧客体験（生活者視点）
ありがちな例
まずはAI/IoTを使って何かやってみよう
目的から入る
顧客体験
テクノロジー導入
ビジネス・プロセス/組織設計
あるべき姿
顧客の体験価値を高めるために何をするべきか？
自動車産業を顧客視点で見た場合
自動車製造業から見た視点
新車販売市場：約9兆円
マイカー
運転
移動
マイカー
運転
カーシェア
同乗
自動車保険
メンテナンス
維持管理
安全な移動
顧客から見た視点（MaaS）
関連市場：約38兆円
あらゆる顧客接点でデータを取得し、蓄積されたデータから顧客の感情や行動を分析することで顧客視点のサービスを構想する

資料：BBT大学総合研究所、NRI「デジタルが変える産業の未来」、ほかより作成 ©BBT大学総合研究所

うとすると必ず失敗する。

最初に行うべきは、あるべき姿を明確にすることだ（図18左）。顧客視点でビジョンを描き、戦略を定めたら、そこからどんなテクノロジーを導入するか、どんなデジタル組織にするかを決めるのである。

自動車産業を例にとると、「自動車製造業」という視点から見えるのは、約九兆円という新車市場だ（図18右）。ところが、視点を顧客側に移してみると、入り口は「MaaS（モビリティ・アズ・ア・サービス。情報通信技術を活用して交通をクラウド化し、自家用車以外のすべての交通手段による移動をひとつのサービスとして捉え、シームレスにつなぐ新たな「移動」の概念）」になる。すると、車を購入して所有するだけでなく、同乗者や維持管理といったとこ

図19

DX推進組織の位置づけと役割

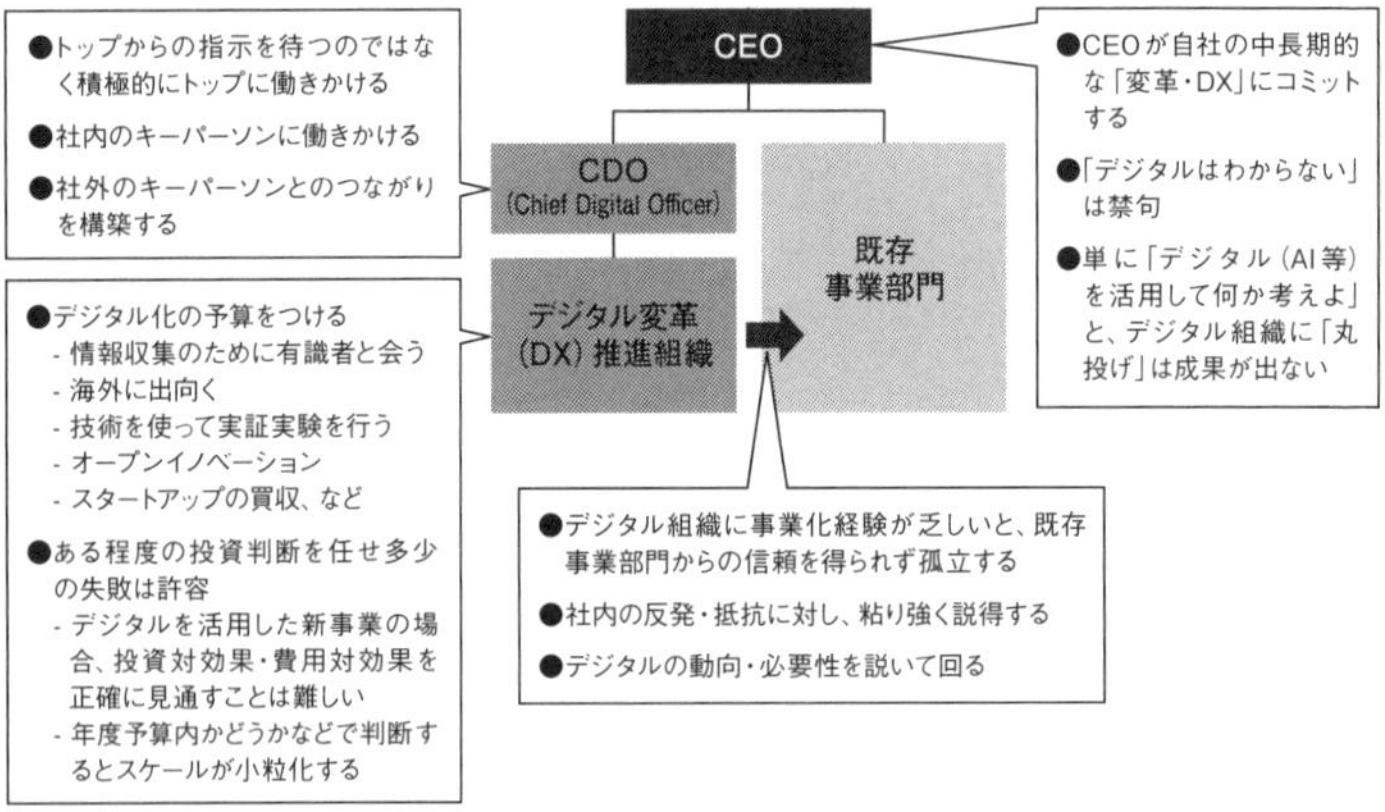

資料：『デジタルトランスフォーメーションの実際』（ベイカレント・コンサルティング著）をもとにBBT大学総合研究所作成 ©BBT大学総合研究所

ろまで視野が広がり、その先にはカーシェア、保険、メンテナンスなどの市場が存在する。それらを合計すると、新車市場九兆円の約四倍の約三八兆円にもなるのだ。

また、DXを進めるにあたっては、経営トップのコミットメントが必要不可欠だ。理想をいえば、トップがCDO（最高デジタル責任者）を兼任する。とにかくトップが本気でなければ、組織を変革することはできない（図19）。

さらに、デジタル変革を推進するDX組織をつくり、そこにデジタル化の予算と権限を与え、同時に変革のための使命を持たせるのである。

DXを進めるためには、優秀なIT人材の確保が必須なのはいうまでもない。しかし、求人広告を出して待っていても、優秀な人

図20

ITエンジニアのタイプ（イメージ）

【新興ITエリート】
有名CTOになることが最大の目標
- 待遇高騰の震源地
- 高待遇は当然、次の会社で自分が何を得られるかという自己実現が転職のポイント
- 通常の募集では効果が薄く、勉強会やCTOのブログに共感して応募してくる

【大手SIer"旧"エリート】
旧構造のピラミッドの上位に生息
- かつてITエンジニアといえばこの人たち
- NTTデータ、日立、富士通、NECといったITゼネコンのピラミッド構造の頂点
- 新興IT企業の年俸高騰の波に乗ってはいないが年収は高い
- 価値創造型というより課題解決型

【カリスマフリー開発者】
アプリ大ヒットで各社に人気の芸術家肌
- 新興ITジャイアントに属さず、フリーか小さな会社を経営し、自らアプリを開発。
- 100～200万ダウンロード記録で話題に
- 「あの人がいるなら」とエンジニアが集う広告等的な役割にもなりうる

【地獄の下請け組】
待遇も将来性も低く恵まれない層
- 大手SIer下請けとして退屈な仕事も多い
- インフラシステムを24時間365日監視するようなスキルが身につかない仕事
- 40歳前後の就職氷河期世代で、高学歴ながら不本意に入社したタイプも
- 給与水準は低く、新興IT転職成功率3％

【AI・データサイエンティスト】
年収が一気に倍増と枯渇度最も高い新職種
- 各社は、消費者向けサービス・商品開発の他、自社経営資源の分析にもこのタイプのエンジニアを必要とし需要急増
- IT企業以外に、一般の大企業も欲していることが給料を釣り上げている
- 新職種のため30代前半でベテラン扱い

【ハイスペック起業派】
医師・大学教授が起業目当てにスキル獲得
- 医師、大学教授、MBA、国会議員まで
- ハイスペックな人材がプログラミングを身につける動きが加速
- この手のタイプが目指すのは「起業」
- プログラミングを学ぶ前から具体的なプランを持っている

資料：「週刊ダイヤモンド2019.2.23」Ⓒ BBT大学総合研究所

材が向こうから「雇ってください」とやってくるなどということはあり得ない。エンジニアの生態系は独特だ（図20）。それを熟知し、自らエンジニアの生息地に足を運び、発掘・採用・活用するしかないのである。

　自社だけでDXを実現するのが難しいようであれば、周囲を巻き込むという手もある（次ページ図21左）。

　たとえば、自社で構築したプラットフォームを他社にも開放する。具体例を挙げれば、小松製作所は自社で開発した建設業界における生産プロセスに関するあらゆるモノをつなぐ新プラットフォーム「LANDLOG」を、他の建設事業者向けにも提供している（第五章参照）。また、ヤンマーは農業機械の遠隔管理システム「スマートアシスト」を提供している。

図21

周囲を巻き込みながらDXを実現させる方法

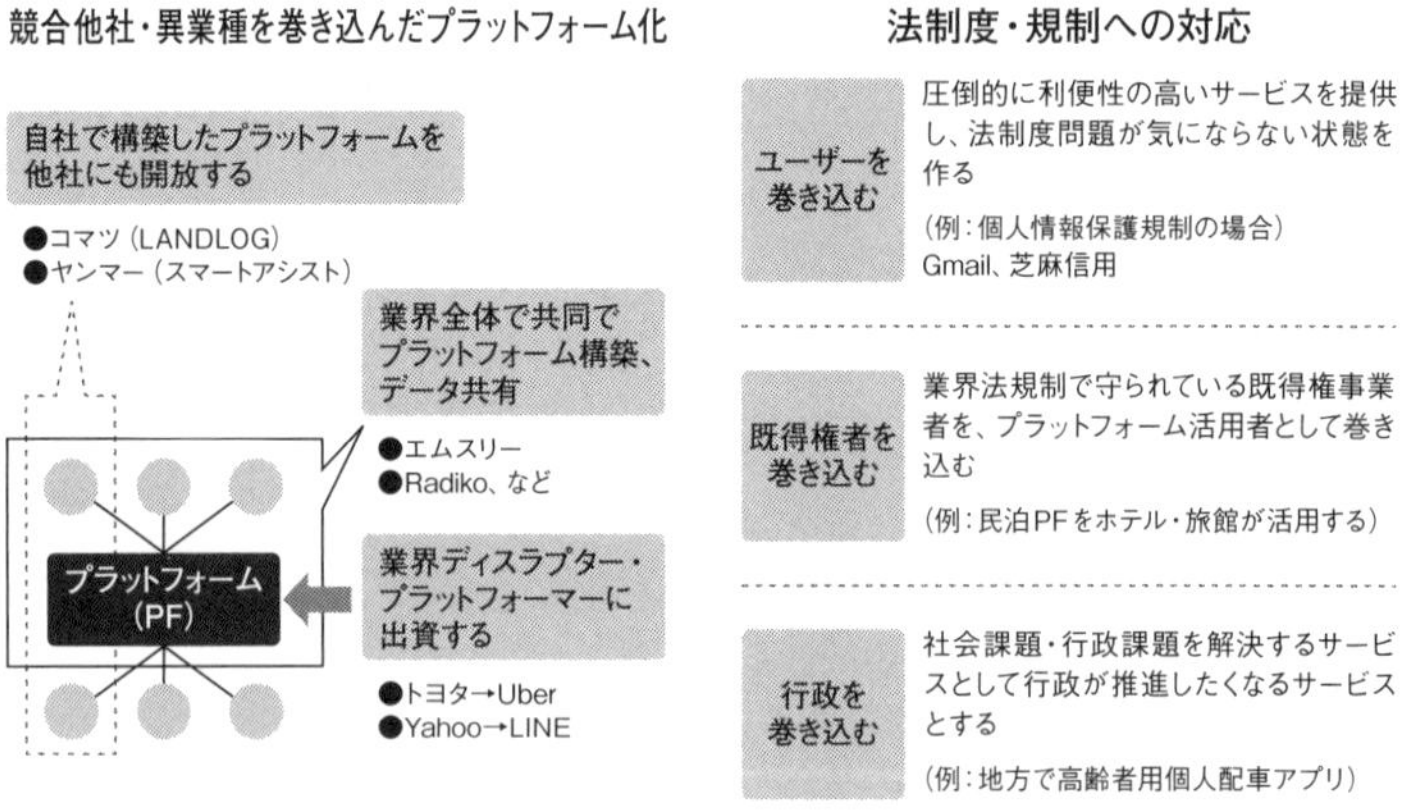
競合他社・異業種を巻き込んだプラットフォーム化
自社で構築したプラットフォームを他社にも開放する
●コマツ（LANDLOG）
●ヤンマー（スマートアシスト）
業界全体で共同でプラットフォーム構築、データ共有
●エムスリー
●Radiko、など
プラットフォーム（PF）
業界ディスラプター・プラットフォーマーに出資する
●トヨタ→Uber
●Yahoo→LINE
法制度・規制への対応
ユーザーを巻き込む
圧倒的に利便性の高いサービスを提供し、法制度問題が気にならない状態を作る
（例：個人情報保護規制の場合）
Gmail、芝麻信用
既得権者を巻き込む
業界法規制で守られている既得権事業者を、プラットフォーム活用者として巻き込む
（例：民泊PFをホテル・旅館が活用する）
行政を巻き込む
社会課題・行政課題を解決するサービスとして行政が推進したくなるサービスとする
（例：地方で高齢者用個人配車アプリ）

資料：BBT大学総合研究所 ©BBT大学総合研究所

業界内で共同してプラットフォームを構築し、データを共有しているエムスリーやRadikoのような企業もある。

あるいは、トヨタ自動車がウーバーに、ヤフーがＬＩＮＥにそれぞれ出資しているように、ディスラプターであるプラットフォーマーに出資するという方法も悪くはない。

それから、法制度や規制が障害になっている場合、これをどう乗り越えていくかを考えてみたい。基本はいろいろなものを巻き込むということだ（**図21右**）。

一つは、ユーザーを巻き込む。圧倒的に利便性の高いサービスを提供して、法制度などが気にならない状態をつくってしまうのだ。いい例が中国のアント・フィナンシャルの「芝麻《ジーマ》信用」である。これは個人または法人の信用力を三五〇～九五〇点の間で数値化するサービスで、中国では今やこれがないと社会が機能しなくなっているといっていい。

次は、既得権者を巻き込む。ホテルや旅館といった既得権事業者がエアビーアンドビーと提携するようなケースがこれだ。

最後が、行政を巻き込む。高齢者の移動手段を確保するための配車アプリのように、社会・行政課題を解決するサービスを開発するのである。

もしも、自分が〇〇のトップだったら、いかにDXを進めるか

1．ディエム

フェイスブックの仮想通貨「ディエム（旧名リブラ）」について、私の意見をまとめておこう。

ディエムは、フェイスブックをはじめ、ビザ、マスターカード、ペイパル、ウーバー、スポティファイなど、二八の民間企業・団体で創立した「ディエム協会（旧名リブラ協会）」が、二〇二〇年以降の発行・運営を目指している（その後、ビザ、マスターカード、ペイパルが離脱）。

スマートフォンのアプリで利用でき、買い物などの決済だけでなく、国内や海外への送金も可

図22

ディエムのDX

仮想通貨ディエムとは？

ディエムの概要

- FBが構想を打ち出した仮想通貨「ディエム」
- 20を超える民間企業・団体で「ディエム協会」を創立
- 2020年以降の発行・運用を目指している
- 通貨は「Diemブロックチェーン」を基盤とする

ディエムの特徴

- ビットコインなどとは異なり、単なる仮想通貨ではなく、ドルや円などの主要通貨等に裏打ちされている
  - 米ドル、ユーロ、円、英ポンドなどの主要通貨
  - 短期国債など
- FBの「メッセンジャー機能」を使って、カネを貯めたり、融通したり、送金したりできること
  - 国境を超えて安価な金融サービスを提供
  - 友達や家族との間で簡単に国内外へ送金できる

ディエムの論点

ディエムに対する批判・警戒の現状

- 「信頼性がない」「マネーロンダリングに悪用される」「流通把握やプライバシー保護が難しい」などの批判
- G7財務相・中央銀行総裁会議ではディエムに対する慎重論が相次ぐ

ディエムを推進してグローバル通貨にするべき!

日産と武田を失敗と呼ぶかどうか微妙

- 現状、米ドルが「基軸通貨」で米国が「国際決済システム」を握っているため、世界中がトランプ前大統領の身勝手に振り回された
- 世界は、米ドル以外の基軸通貨、SWIFT以外の国際決済システムを求めている
- 中国のモバイル決済システムが広まり、人民元建て国際銀行間決済システムを持ち、利用金融機関が広まり始めている

想起すべきはユーロの経験

- EC（欧州共同体）およびEU（欧州連合）ではユーロに先立ち、1979年3月から98年末までの間、「ECU」という通貨単位が使われていたが、その価値は参加する国々の通貨の加重平均で決められた
- このヨーロッパの経験を参考にしてディエムの価値を決めれば、安定した「通貨」にすることは十分可能

資料：「週刊ポスト」「ビジネス新大陸の歩き方」大前研一 ©BBT大学総合研究所

能だ（図22左）。

「通貨としての信頼性がない」「マネーロンダリングに悪用される危険性がある」「プライバシー保護が難しい」といった批判もある（図22右）が、私はディエム導入に大賛成だ。

現在の通貨制度には大きな問題がある。まず基軸通貨であるはずの米ドルが、ドナルド・トランプ前大統領の時代に、彼の身勝手な発言や思いつきのツイートに反応して乱高下してしまっていた。

それから、世界の国際決済システムの中核を担っているSWIFT（国際銀行間通信協会）がアメリカの強い影響下にあるため、アメリカが制裁対象にした国や地域の銀行や企業はSWIFTが使えなくなり、米ドル建ての送金や決済ができなくなる。

実際、イランの制裁にこれを用いたために、フランスの石油会社トタルは同国での石油掘削事業から撤退してしまった。

つまり、現在の通貨制度だと、アメリカの大統領の一存で世界中が振り回されてしまうのだ。そうならないためには米ドル以外の基軸通貨、それからSWIFTではない国際決済システムが必要であって、ディエムはまさにその役目を果たすのが目的なのである。

しかも、ディエムは、ビットコインのような発行・運営団体が不在で価値の裏づけもない仮想通貨とは異なる。ディエム協会が発行・運営し、米ドル、ユーロ、日本円、英ポンドなどの主要通貨や短期国債などで裏づけることによって、価値が大きく変動しにくい設計になっているのである。

EUでは、ユーロを導入する以前の一九七九年三月から一九九八年末まで、参加国通貨の加重平均を通貨単位ECUとして使用していた。私であれば、このときの経験を参考に、主要国だけでなく、スイスフラン、カナダドル、オーストラリアドル、中国人民元、ロシアルーブル、インドルピーなども加えた一〇カ国くらいの通貨の加重平均で、一ディエムの価値を決めるよう提案する。そうすればディエムは十分安定した通貨になるはずだ。

フェイスブックCEOのザッカーバーグ氏も、本気なら、フェイスブックを辞めて、自分の財産をここに半分くらいつぎ込むべきだろう。そうすれば、「信用」が生まれる。

図23

NTTのDX

NTTの連結営業利益の推移（兆円）

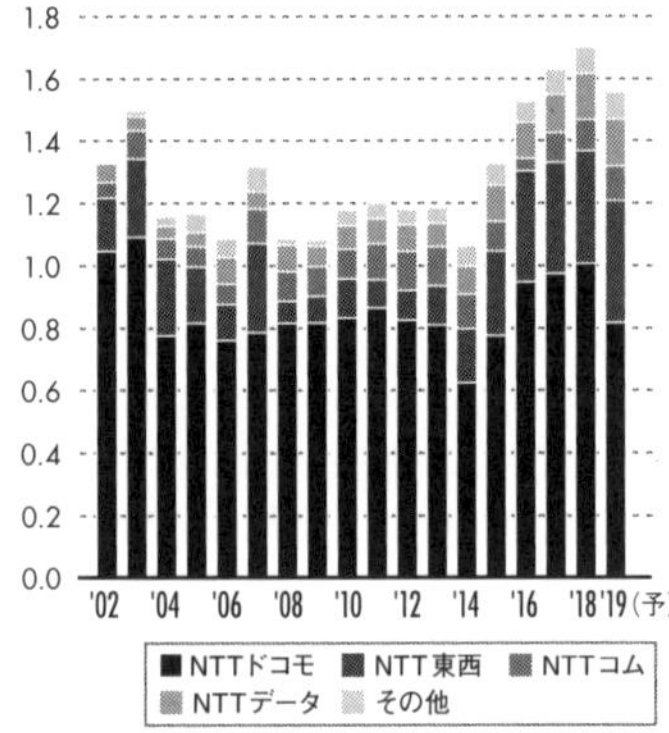
1.8
1.6
1.4
1.2
1.0
0.8
0.6
0.4
0.2
0.0
'02
'04
'06
'08
'10
'12
'14
'16
'18
'19（予）
NTTドコモ
NTT東西
NTTコム
NTTデータ
その他

NTTのDX戦略

NTT分割まで遡って、「NTT法」の意義から見直す

●地域通信を東と西に、そして遠距離をコムに、携帯をドコモに、など分割したことが意味があったのか。今の時代は「再統合」をやるべきではないか
●ソフトバンクなど「統合した通信事業」の他、金融、各種生活サービスなど展開できる時代になっている
●NTTだけ手足を縛るというのは「古い電話時代」の「独占企業に対する分割」案がDX時代の世界戦略にとっては不必要な縛りではないか

NTT法の縛りを取り外して「DX戦略」を考える

●NTT法の縛りがなければ「顧客DB」が最大の資産となる
●必然的に顧客に対する情報、金融・買物・エンタメなど全てのプラットフォーマーとなる「NTT DX戦略」が浮かび上がる
- アント・フィナンシャル等は大いに参考になる
- NHK等の集金回収なども新しい事業として可能になる

●過去の呪縛から解放されれば「ゲームチェンジ」が可能
●私ならまずこの「NTT法」を改正することから始める
●中国と同レベルの自由度、最低でもソフトバンクと同レベルの自由度を求める

資料：「週刊ポスト」「ビジネス新大陸の歩き方」大前研一 ©BBT大学総合研究所

2. NTT

一九八五年の電電公社民営化や一九九九年の持ち株会社制などを経て、NTTは地域通信が東西、遠距離がコム、携帯がドコモというように分割された（図23左）。

しかし、その事業モデルはすでに賞味期限が切れている。長距離通話で料金が高くなるのはクロスバー交換機を使っていたころの話で、現在のようなデジタル交換機になってからは、遠距離だから料金が高くなるという理由はないはずだ。国際電話も同様である。スカイプであれば料金はかからず映像まで送れる時代に、割高な国際電話料金など無意味だといっていい。だから、NTTは本来であれば再統合すべきなのである。ただし、それにはNTT法と電気通信事業法の規制を撤廃しなければならない。私がトップであれば、なんとしてもこれを実行する。

NTTの最大の資産は顧客データベースだ。過去三〇年分の電話代支払い状況が、そのまま顧客の信用データになるのである。このデータを使えばNHK受信料の集金だって可能である。さらに、この顧客データベースはショッピングやゲームなど、様々な分野で利用することができる。

つまり、現在手足を縛っている法律さえなくなれば、NTTは日本最大の「金融・買物・エンタメ」のプラットフォーマーになることができるのだ（図23右）。

（編集部注　二〇二〇年九月、NTTがNTTドコモの完全子会社化を発表し、再統合へ動きだした）

RPA導入による人余りにどう対処するか

ヨーロッパでは約二〇年前からRPA（ロボティック・プロセス・オートメーション／ロボットによるホワイトカラーの間接業務の自動化）に取り組んでいる。これまで人間が行っていた経理、総務、人事、購買、在庫管理などの間接業務を、AIやマシーンラーニング（機械学習）を活用して自動化してしまおうというのである。その結果、生産性が飛躍的に高まるのはいうまでもない。世界のRPA市場は二〇二一年には二一億二〇〇〇万ドルに達するというアクセン

図24

RPA導入と人余りへの対処

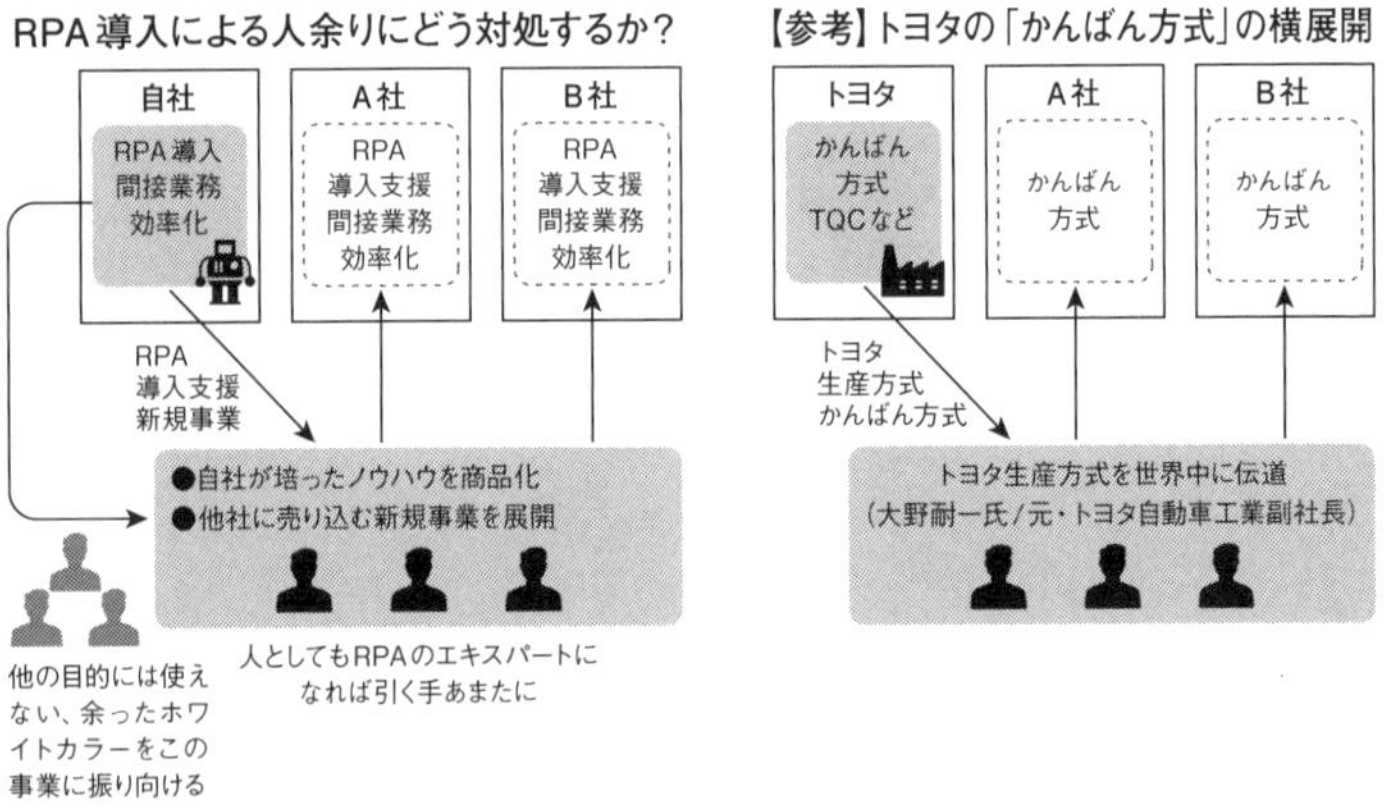

資料：「週刊ポスト」「ビジネス新大陸の歩き方」大前研一 ©BBT大学総合研究所

チュアの予測もある。

ところが、日本のRPA市場が動き始めたのは二〇一五年ごろなので、世界から大きく水をあけられてしまったといわざるを得ない。それから、企業がRPAを本格的に導入すると、それまで間接業務に就いていたホワイトカラーが仕事を奪われることになる。この余った人たちをどうするかが、今後の課題となるだろう。

たとえば、RPAを導入して成功した企業は、自社が培ったノウハウを商品化して、それを他社に販売する事業を新たに立ち上げ、そこにそれまで間接業務に携わっていたホワイトカラーを振り分けてRPAコンサルティングチームをつくるというのはどうだろうか（図24左）。

トヨタ自動車は、元副社長の大野耐一氏

が「かんばん方式」などのトヨタ生産方式を世界中に伝道した。オムロンも、自社工場の業務を改善したノウハウをパッケージにして販売していた（図24右）。同様のことをRPAで行えばいいのである。

個人としてもRPAのエキスパートになれば、転職や起業といった道も開けてくる。AIに仕事を奪われることを恐れなくてもすむようになるというわけだ。

世界のイノベーション都市

現在、世界中にイノベーション都市が生まれ、競争が激化している。主なところを挙げれば、アメリカのシリコンバレーとサンフランシスコ、中国の北京、上海、深圳《しんせん》、インドのバンガロール、イスラエルのテルアビブといった都市だ。これらのイノベーション都市には、規制が少なく、起業を支援するエコシステムがそろっているという点が共通している。また、そういう都市には、世界からヒト、モノ、カネ、情報が集まる（次ページ図25左）。

それから、国民のプログラミング能力が高いのは、台湾とイスラエルだ。台湾は李登輝総統時代に行われた「大学院でエンジニアリングを専攻した人は兵役を免除する」という政策が功を奏したといっていい。イスラエルは兵役免除とはならないが、軍隊にいる間にプログラミングを駆使して事業計画を練り、除隊後に起業する人が多い。

図25

世界のイノベーション都市と道州制への対応

世界のイノベーション都市
●世界的にイノベーション都市間の競争が激化している
●規制が少なく、起業を支援するエコシステムがそろう
●IT人材が住み、働きたいと思えるような魅力的な都市に世界からヒト、モノ、カネ、情報が集まる
もし、私が日本の首相や各道州の首長だったら…
「もし、私が日本の首相だったら・・・」
国は岩盤規制を撤廃。
道州制によって権限を委譲し、
各道州に自由にやらせる
「もし、私が各道州の首長だったら・・・」
世界のメガシティ競争、
イノベーション都市競争に勝つために
競争力のある産業のDXを全面的に支援!
<各道州のDXのイメージ>
●札幌市＝金融
●東京（渋谷区、港区）＝ユニコーンを輩出するエコシステム
●豊田市＝MaaS、CASE
●大阪市＝HEMS、バイオ
●福岡市＝観光、EC

資料：BBT大学総合研究所 ©BBT大学総合研究所

ベラルーシのような旧東欧圏にも優秀なプログラマーが多いが、それは国の政治体制が不安定だからだ。将来国に頼らなくても食べていけるようにするには、英語とプログラミング能力を身につけておくのが、いちばん確実だからである。

もし、私が日本の首相なら、国内にイノベーション都市をつくるために岩盤規制を撤廃する（図25右）。そして、道州制を導入して権限を委譲し、自由に都市づくりを行わせる。あるいは道州の首長であれば、世界のイノベーション都市との競争に勝てる力のある産業のDXを全面的に支持する。

今世紀を見渡してみると、繁栄している国はない。アメリカの大部分はゴーストタウンみたいになっているが、一部の地域（メガリージョン）が圧倒的に繁栄している。

中国も全体的には古い産業が多く、寂れているが、深圳などの一部の都市のみが二一世紀企業を量産している。日本では中央集権の歴史が長いために、国をなんとかしようとしている。むしろ道州レベルに自由度を与えて、大胆なDXを断行できるようにしなくては、二一世紀に飛躍できない。

ちなみに、私の考える各道州のDXのイメージはこんな具合だ。

札幌市＝金融
渋谷区、港区＝ユニコーン企業を輩出するエコシステム
豊田市＝MaaS、CASE
大阪市＝HEMS、バイオ
福岡市＝観光、EC

日本企業はどうすればよいのか

ここまで述べてきたDXの動きに対し、日本企業はどのように対処すればいいのか（次ページ図26）。

まずCEO（最高経営責任者）がCDO（最高デジタル責任者）にならなければならない。

図26

日本企業はどうすればいいのか

経営者は何をすべきか

●CEOはすなわちCDOであると心得る
- 必要なのは、「サイバー経済特有の道具の使い方、消費者へのアプローチの仕方、そして自社の製品やサービスをテクノロジーによってどれだけ飛躍的に改善できるか」理解しておくこと

●まずは、自らを変革する
- 経営者はまず、デジタル新大陸を自ら体感してみる（SNSでフォロワーを1,000人集めてみるなど）
- プログラミングスクールに通うなど、自らをリカレント化する

会社として何をすべきか

●常に世界の動向を研究し、自社でも実践してみる
- 小さく早くリリースと改善を繰り返すことでサービス品質を向上させるアジャイル開発を行う

●手段や手法から入るのではなく、まずは顧客視点でビジョンを描き戦略を定める
- 最高の顧客体験（CX）を提供するためのビジョンを構想し、デジタルを導入する
- 顧客接点より得られるデータから顧客の感情や行動を分析し、カスタマージャーニーを構築する

●人材は「最大の経営資源」として認識し、従来型人事制度・システムを刷新する
- デジタルを担う優秀な人材を引き付ける、魅力のある環境を作り上げる

●「富はプラットフォームから生まれる」ことを理解し、事業を再構築する
- メガプラットフォームでも国を越えてビジネスを行うための「インフラ」として利用すればチャンスになる
- 自らが「プラットフォーム」を目指すのであれば、競合他社との提携やエコシステム構築が重要

●DXで蓄積した経験を活用したビジネスを展開する
- 自社のDXに成功したら、そのノウハウを商品化して他社に提供する
- 自社領域以外に、ディスラプトを仕掛けられる分野を探し、仕掛けることでビジネスチャンスを創出する

資料：BBT大学総合研究所 ©BBT大学総合研究所

そのためには、自らがSNSで情報発信してフォロワーを一〇〇〇人以上集めてみるなどして、デジタル新大陸を体感してみることだ。それから、できればプログラミングスクールに通って、簡単なプログラムくらい自分で書けるようにしておく。このように、経営者が自らを変革する覚悟がなければ、DXの成功はおぼつかないといっていいだろう。

会社としては、とにかく挑戦してみることだ。その場合、小さく速くリリースと改善を繰り返すことで、サービス品質の向上を図るアジャイル開発を行うことである。

その場合も、手段や手法から入るのではなく、まずは顧客視点でビジョンを描き戦略を定める。

人材は「最大の経営資源」と認識し、従

来型人事制度やシステムは一から見直す。また、社内だけでなく、リンクトインやクラウドワークスといったクラウドソーシングサービスを活用して、外部の人材を活用することも積極的に行うといい。

事業を始めるにあたっては「富はプラットフォームから生まれる」ということを常に頭に置いて構想を練る。メガプラットフォームをインフラとして利用するのもいい。自らがプラットフォーマーになるのなら、競合他社との提携やエコシステムの構築が重要となる。

さらに、DXの経験を積んだら、そのノウハウを商品化することも考える。自社領域以外にもディスラプトを仕掛けられそうな分野を探し、そこに仕掛けていくことでも、ビジネスチャンスは創出できる。

（二〇二〇年二月二八日「ATAMI せかいえ」にて収録）

第二章

ワークマンがデータ経営で描いた新業態戦略

土屋哲雄

PROFILE

土屋哲雄

Tetsuo Tsuchiya

株式会社ワークマン　専務取締役　経営企画部・開発本部・情報システム部・ロジスティクス部担当
1952年生まれ。東京大学経済学部卒。三井物産入社後、海外留学を経て、自ら提案した社内ベンチャーの三井物産デジタル社長、本社経営企画室次長、エレクトロニクス製品開発部長、上海広電三井物貿有限公司総経理、三井情報取締役など、30年以上の商社勤務を経て、2012年にワークマンに入社。一般客向けに企画したアウトドアウエア新業態店「ワークマンプラス（WORKMAN PLUS）」が大ヒットし、「マーケター・オブ・ザ・イヤー2019」大賞を、また会社として「2019年度ポーター賞」を受賞。著書に『ワークマン式「しない経営」』（ダイヤモンド社）。

ワークマンの企業理念

当社は、総合スーパーのベイシア、ホームセンターのカインズ、コンビニのセーブオンなどから成るベイシアグループの一員で、主に現場作業や工場作業向けの作業服・関連用品の専門店を展開している会社です。私の叔父でありベイシアグループ創業者の土屋嘉雄が一九八〇年に群馬県伊勢崎市に一号店をオープン、現在（二〇二〇年二月）の店舗数は約八七〇店となり、この業界では圧倒的トップです。ちなみに、日産自動車元ＣＥＯのカルロス・ゴーン氏が保釈されたときに着ていたのも、当社扱いの作業服です。

当社は創業当初から「あまり考えずに経営をしたい」ということで、「標準化で価格を安くする」という戦略を採っていました。そんなワークマンという会社に、私は三〇余年の商社勤務を経て、二〇一二年に入社しました。創業者である叔父からは「何もしなくていいよ。二〜三年昼寝していたって、どうってことない」といわれましたが、実際そういう会社でした。要するに、標準化とローコスト経営だけでやっていける環境だったのです。作業服市場はニッチな世界なので、それでよかったのです。

ところが、さすがに入社して二年もすると、「これはちょっとおかしいぞ」と思うようになりました。作業服市場の規模は三〇〇〇〜四〇〇〇億円で、そのうち当社が狙う個人向けが四割

図1

ワークマンの企業理念

ワークマンの企業理念

Mission	存在意義	「機能と価格に新基準」を実現し、生活者の「可処分所得」を増やします → コト消費の原資
Vision	めざす姿	世の中を驚かせる「高機能製品」をコストリーダーシップをとって開発します

Value　価値観、行動指針

◆標準化（Dominantの維持力）
◆高機能・低価格
◆データ経営

顧　客	値札を見ず継続購入
株　主	高配当で長期保有
供給先	取引を長期継続
社　員	高報酬

です。ところが、ワークマンの売上はすでに一〇〇〇億円近くにまで達していました。このままでは早晩成長が止まるのは明らかです。

そこで、ワークマンの従来の事業ドメインであった「作業服」を「機能性ウエア」に拡張しました。企業理念（図1）も「働く人に、便利さを」から「機能と価格に新基準を実現し、生活者の可処分所得を増やす」というミッションと、「世の中を驚かせる高機能製品をコストリーダーシップをとって開発する」というビジョンに変更しました。

具体的には、二〇一八年に「ワークマンプラス（WORKMAN Plus）」というアウトドア系衣料を扱う新業態を立ち上げました。それまでの三八年間は作業服一本でやってきたので、作業服のことは何でもわかりま

図2

第二のブルーオーシャン市場の創出

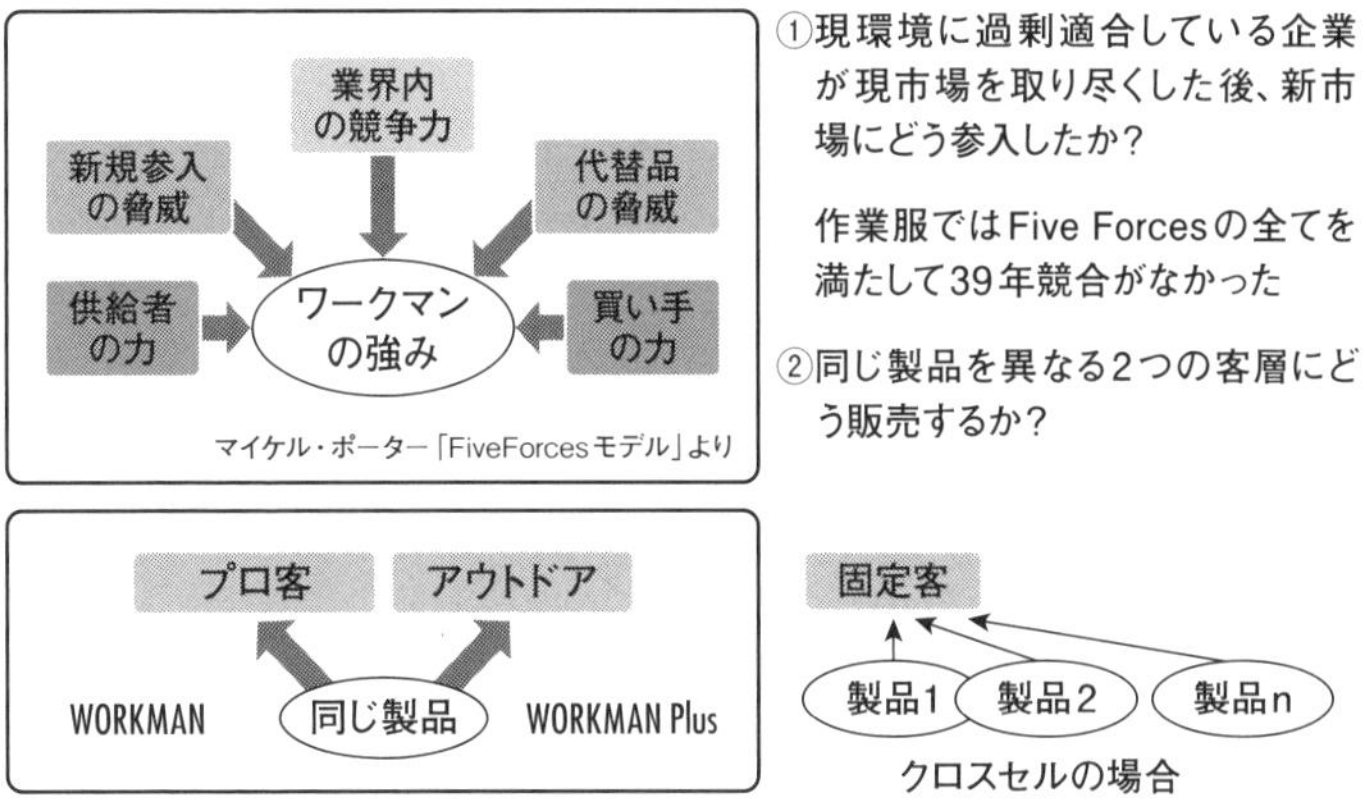
業界内の競争力
新規参入の脅威
代替品の脅威
供給者の力
ワークマンの強み
買い手の力
マイケル・ポーター「FiveForcesモデル」より
①現環境に過剰適合している企業が現市場を取り尽くした後、新市場にどう参入したか？
作業服ではFive Forcesの全てを満たして39年競合がなかった
②同じ製品を異なる2つの客層にどう販売するか？
プロ客
アウトドア
WORKMAN
同じ製品
WORKMAN Plus
固定客
製品1
製品2
製品n
クロスセルの場合

す。しかし、アウトドアに関しては、「社内を見渡しても詳しい人が誰もいない」というところからビジネスをスタートしました。そのため、「とにかくデータを見ながら新業態を運営するしかない」と、データ経営に力を入れることになったのです。

第二のブルーオーシャン市場の創出

「作業服の小売り」というブルーオーシャン市場にいたワークマンが、第二のブルーオーシャン市場を見つけるのは、意外にたいへんでした（図2）。

個人向け作業服業界を、マイケル・ポーター氏（ハーバードビジネススクール教授）の「ファイブフォース」という、業界の収益性を決める五つの競争要因で分析すると、そのすべての要素をワークマンは満たしていました。そのため、経営の脅威となる競合も四〇年間現れず、現状に過剰適合した結果、現在の市場はほぼ取り尽くしたといっていい状態だったのです。

そこで考えたのが、「スタイリッシュ化している『作業服』というプロ客向けの製品を、アウトドアの一般客にも売る」という、クロスセルの逆をいくビジネスモデルでした。

さらに、ニッチ市場で余計なことをせず、ひたすら深掘りすることで、四〇年近くトップを走り続けてきた勝ちパターンを踏襲しました。

しかし、これで成果は出たものの、当時の成長率は三～四％程度でした。なぜ三〇～四〇％にならないのか、私は再び考え始めます。

その結果たどりついたのが、知の結合です。ワークマン本体に蓄積している一点集中型の「深い知」の九五％に、私がこれまでの経験で培ったマルチ専門型（とはいっても浅め）の「広い知」五％を結合させました。

すると、イノベーションが起こったのです。それは売り方でした。製品は毎年良くなっているのに、思ったほど売れなかったのは、「見せ方」に問題があったのです。

これまでの作業服の売り場には、大きな鏡もマネキンもありませんでした。作業服で大事なのは、耐久性と防寒性、防水性といった機能だけで、そこにファッション性など必要なかったのです。それと同じ発想でアウトドアウエアを売ろうとしても、売れるはずがありません。

図3

企業文化から変える

変えた企業文化

（データに基づく部下の提案に対し、意見を変えるのが良い上司）

少ない目標	6年間で「客層拡大」と「データ経営」の2つだけ
企業の強み	Operational Excellence ⇒ Product Excellence へ （標準化/FC化）（他社が5年追いつけないPB製品）
実行力	経営方針は必ず実現（時間をかけても良い）
本気度	幹部の任用条件は改革マインドと「データ活用力」 働き方改革では先ず決算発表日を1週間延ばした

変わらない企業文化

固定化	顧客/加盟店/供給先と長期的な良い関係を築く （基準：値札を見ないで購入/FCの子供継承/自主納品）
やらない事	本業に専念して、やらない事を全社で共有

そこで、従来の作業服の売り方をいったん忘れ、商品である服はハンガーに掛けておくだけでなく、マネキンに着せたり、暖色系のスポットライトを当てたりというように、一から「見せ方」を刷新しました。

そこから当社の快進撃が始まったのです。

企業文化から変える

私が変えた企業文化と変わらない企業文化について説明します（図3）。

私が入社後六年間で実行したのは、「データ経営」と「客層拡大」の二つだけです。

ワークマンは、これまで狭い分野で同じ商品を売っていました。そういう会社でものをいうのは知識の累積です。これでは入社一〇年目の社員は、入社四〇年目の社員に絶対にかなわないことになります。ところが、「アウトドア」という新しい分野では、上司も何が正解なのかわかりません。だから、データ経営でなければならないのです。部下はデータに基づいて意見を言い、それが正しければ上司は自分の考えを変える。データ経営では、意見を変えるのが「良い上司」ということになります。

客層を拡大するために、それまでの標準化、フランチャイズ化とローコストオペレーションの「Operational Excellence」の会社から、他社が五年かけても追いつけないＰＢ（プライベートブランド）製品をつくる「Product Excellence」の会社へ変更しました。

これらの戦略は、それまでの企業文化を変えることを意味します。だから、そう簡単ではありませんでした。問われたのは実行力です。ワークマンは業界二位がいない会社ですから、焦ってやる必要はありません。「一〇年かかろうが二〇年かかろうが、必ずやる」と決意し、できるまで担当者は替えないと宣言しました。

さらに、本気でないと改革はできないので、六年前にデータ経営を打ち出してからは、改革マインドとデータ活用力があることを部長以上の任用条件にしました。

決算発表日を一週間後ろに延ばしたのも、本気度の表れです。当社は三月決算ですが、決算発表はゴールデンウィーク前に終えてしまおうと、いつも四月二七、二八日あたりに設定していました。しかし、決算発表は事業年度の末日から四五日以内と決まっているので、ゴールデンウィーク明けでも問題ないし、そのほうが経理は残業しなくてすみ、監査法人もゆっくりチェックすることができます。決算発表をゴールデンウィーク前に間に合わせるというのは、結局「決算早期化」を目指すCFO（最高財務責任者）のメンツなのではないか。だったら変えてもいいだろうということで、変えたのです。

一方で、変わらない企業文化もあります。ひとつは、「顧客」「加盟店」「供給先」の固定化です。お客様とは値札を見ないでご購入いただいている良好な関係を長期に続けていかなくてはなりません。そのため、お客様の相場観を大切にしています。「この商品はこれくらいの値段」というお客様の感覚といつも一致していれば、お客様は値札を見ないで買い続けてくれるからです。そこは崩さないようにしています。

当社のフランチャイズ加盟店は契約更新率九九%と、これもほぼ固定化しています。代替わりしたらご子息が引き継ぐケースが多いのですが、身内以外のパートさんなどが引き続き経営するケースもあります。

供給先も固定化しており、創業以来40年間ずっとつきあっている会社が大半です。仕入れ値が少し安いところもあるでしょうが、供給先を替えたらサプライチェーンが歪んで、結局は損をします。実際、海外メーカーならスイッチングコストは一〇〇〇万円以上かかるはずです。それに、古くからの供給先ならワークマンのことをちゃんと理解してくれています。だから、いちいち当社を通さず、加盟店との間で直接やりとりしてもらうことも可能となっているのです。この供給先の固定化も、この先変わることはありません。

図4

中期業態変革ビジョン

強み	作業服小売でダントツNo.1* ブルーオシャン市場) 標準化で小売りトップ　- 店舗・品揃え標準化、定価販売
脅威	作業服市場の取り尽くし - 1000店、1000億円が限界 ネット企業の台頭　- Amazonや専業の潜在脅威

＊：自社調べ

2014年の「中期業態変革ビジョン」＝データ経営で新業態へ

1) 社員1人当たりの時価総額を上場小売り企業でNo.1 に

2) 新業態の開発
　①「客層拡大」で新業態へ向かう
　②「データ経営」で新業態を運営する準備

3) 5年で社員年収の100万円のベースアップ
　（業績評価まで変える変革に対する社員へのRewardの先払い）

もうひとつ、企業文化として変わらないのが、本業に専念して、社内行事や業界団体とのつきあいといった「本業に関係ないことはやらない」という姿勢です。

中期業態変革ビジョン

前述したとおり、ワークマンに入社してから二年間はたいした仕事をしていませんでしたから、その間に中期業態変革ビジョンをつくりました（図4）。

まず、SWOT分析を行い、当社の強みは作業服小売りでダントツ一位であること、それから北海道から沖縄まで店舗の商品の九五％が共通という徹底した標準化が小売りトップだという点を明らかにしました。

次に、当社にとっての脅威は、一〇〇〇

店一〇〇〇億円で作業服市場を取り尽くしてしまうことと、アマゾンなどのネット販売専業企業の台頭であることも見えてきました。

これらの分析を踏まえ、「データ経営で新業態へ」という新たなビジョンを打ち出したのです。そして、新業態「ワークマンプラス」の開発のために、「客層拡大」と「データ経営」を始めました。

さらに、「五年で社員の年収を一〇〇万円ベースアップする」ことも掲げました。これは、データに基づいてみんなで議論してみんなで決めるようになると、当然業績評価の基準も改革マインドやデータ活用力に変わり、これまで重用してきた勘と経験型の人の強みがなくなることを踏まえ、社員への改革のリワード（報酬）を先払いしようというものです。

作業服業界の進化

ここ数年、作業服業界の中でも、様々な動きがありました（次ページ図5）。

いちばん大きいのは、二〇〇八年のリーマン・ショック以後、作業服はそれまでの会社支給が減り、個人で購入する割合が増えたことです。すると、個人の場合は「せっかく自分用に買うのだから、少しでも格好いい服がいい」という心理が働くため、スタイリッシュな作業着のニーズが増えてきました。そこで当社もそのニーズに応えるため、スタイリッシュ化に舵を切ること

図5

近年の作業服業界における変化

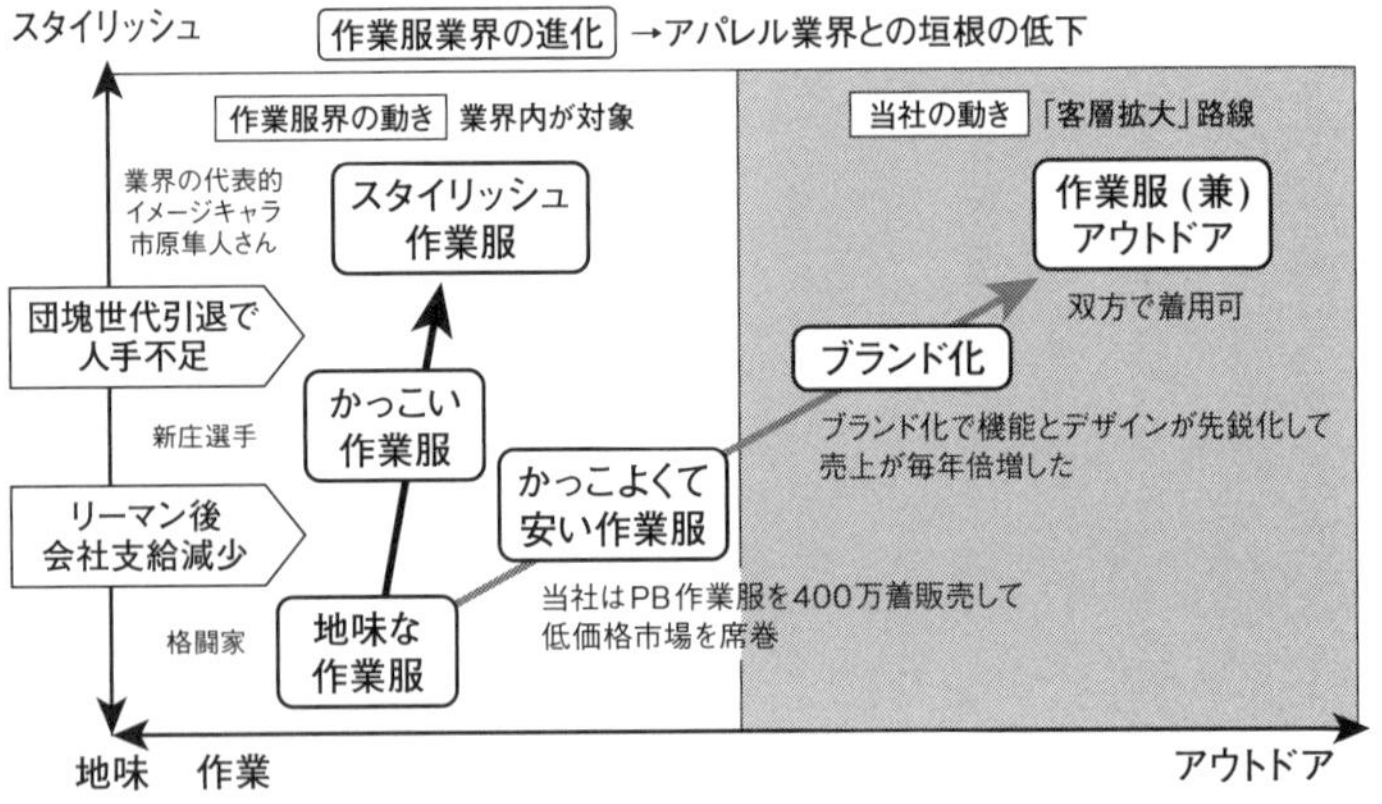
スタイリッシュ
作業服業界の進化 →アパレル業界との垣根の低下
作業服界の動き 業界内が対象
当社の動き 「客層拡大」路線
業界の代表的
イメージキャラ
市原隼人さん
スタイリッシュ
作業服
作業服（兼）
アウトドア
双方で着用可
団塊世代引退で
人手不足
ブランド化
ブランド化で機能とデザインが先鋭化して
売上が毎年倍増した
新庄選手
かっこいい
作業服
かっこよくて
安い作業服
リーマン後
会社支給減少
当社はPB作業服を400万着販売して
低価格市場を席巻
格闘家
地味な
作業服
地味　作業
アウトドア

©WORKMAN CO.,LTD.

にしました。業界大手がイメージキャラクターに抜擢したのも、元プロ野球選手の新庄剛志さんや俳優の市原隼人さんといったイケメンです。

そうしたら、自然とアウトドア市場と重なる部分が出てきました。工事現場は事故防止目的で赤などの目立つ色も好まれます。一方、アウトドアも遭難時に見つかりやすい派手な色のウエアが多いなど、もともと作業服とアウトドアは共通点が多いのです。

スタイリッシュになった途端、一般のお客様が増えてきたため、それをみてアウトドアウエアの「フィールドコア」、スポーツウエアの「ファインドアウト」、レインウエアの「イージス」という三つのPBブランドをつくりました。普通はまずブランドコンセプトをつくってからブランド化するのですが、ワークマンはその逆をやったのです。
その後、これらのブランドは売上が毎年倍増していきます。

アウトドアウエア市場への参入

アウトドアが当社にとって新たな市場になるのかを判断する材料として、二〇一六年に業界調査とヒアリングを行いました。その結果は、「アウトドア・スポーツウエア業界は、ブランドメーカーの寡占状態にあり、ブランドがなければ参入は難しい」というものでした。つまり、ワークマンがそこに参入しても、まず買ってもらえないということです。

ただ、作業服は廃番になるまで一〇年ぐらい同じものを売り続ける息の長い世界です。それで、「アウトドアも苦節一〇年は当たり前、とりあえず三年間は赤字でいい」という覚悟で臨みました。

ところが、いざふたを開けてみると、「高機能で普及価格」という象限には、なんと四〇〇〇億円の空白市場が眠っていたのです（次ページ図6）。当社独自の高機能製品は作業服業界価格（仕事で使う消耗品なので高いと売れない）だったので、スポーツメーカー価格の四分の一以下、アウトドアメーカー価格の三分の一以下でした。脅威を感じる競合は現在まで一社もありません。

図6

4,000億円の空白市場

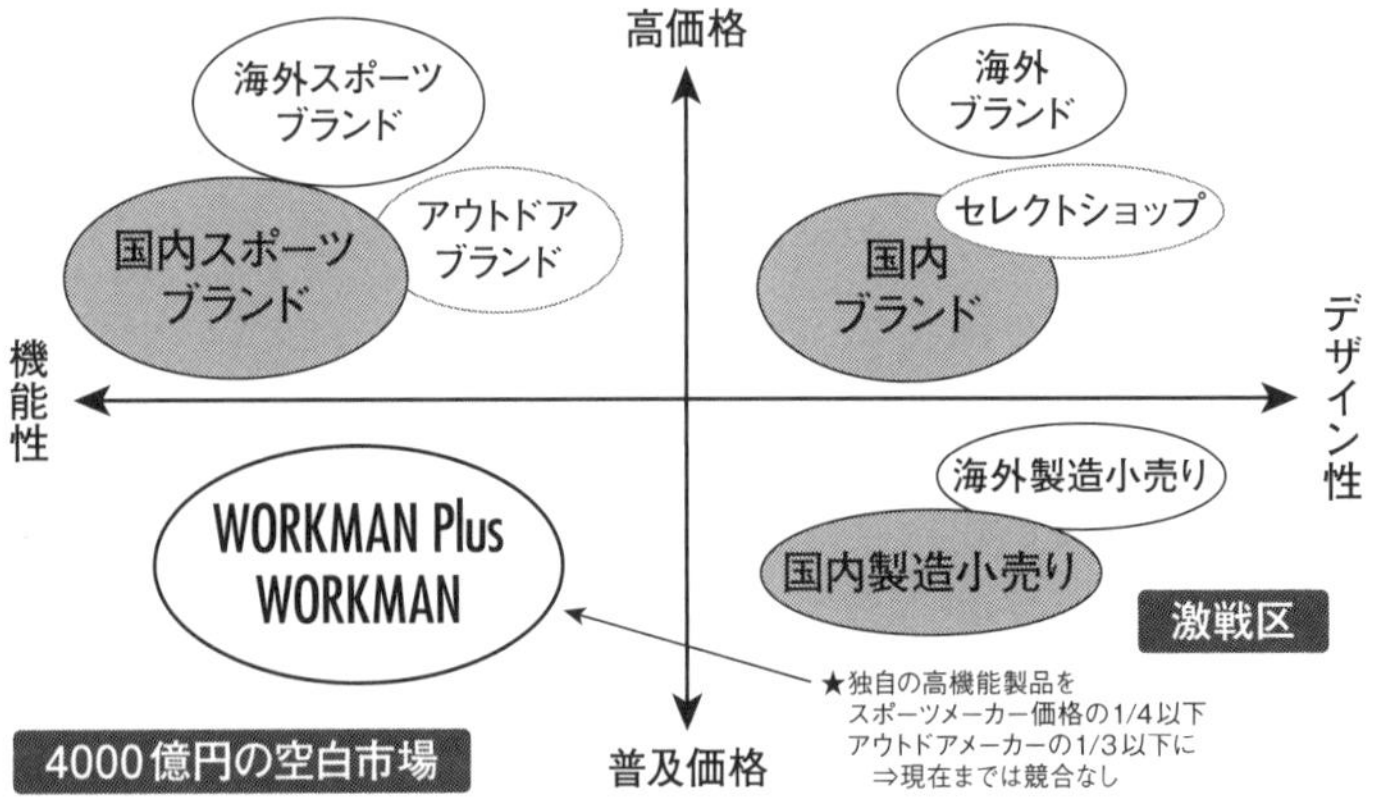
高価格
普及価格
機能性
デザイン性
海外スポーツ ブランド
アウトドア ブランド
国内スポーツ ブランド
海外 ブランド
セレクトショップ
国内 ブランド
海外製造小売り
国内製造小売り
激戦区
WORKMAN Plus
WORKMAN
4000億円の空白市場
★独自の高機能製品を
スポーツメーカー価格の1/4以下
アウトドアメーカーの1/3以下に
⇒現在までは競合なし

商品の見せ方の変革

先ほども申し上げたように、ワークマンプラスでは、マネキンやスポットライトを多用するなど、これまでの作業服とは見せ方を180度変えました。もっとも変えたのは見せ方だけで、販売している商品は同じです。

従来のワークマンでは、全体が一〇〇坪の店のうち、作業服売り場は七〇坪、アウトドアにも対応可能な派手系作業服売り場が三〇坪となっていて、そこで約一七〇〇のアイテムを扱っています。

そして、六〇坪の売り場にワークマンにある一七〇〇アイテムの中から派手系作業服売り場の三二〇アイテムを持ってきて、アパレル店のようなディスプレイで販売しているのがワークマンプラスのショッピングモール店なのです。ちなみに、現在では三二〇から二〇〇にアイテム数を減らしています。細かく切り出せば、別の専門店業態がつくれるからというのがその理由です。

たとえば、靴だけ切り出して、九八〇円と一九〇〇円のツープライスで販売する。そういう店は今のところ見当たりません。ところが、ワークマンではランニングシューズや雨靴など、靴だけでも多くの種類を扱っているため、そういう靴専門店をつくることも十分可能なのです。靴以外にも専門店を出店できる分野は複数あります。

ただし、現時点ではやりません。ブームに乗っていっぺんに始めたら、社員も増やさなければならず、後々たいへんです。そうではなく、「小出しにしながら増収増益を続けていく」というのが、当社の経営スタイルなのです。

ワークマンのアパレル業界に対する優位性

アパレルが変化を重視しているのに対し、作業服は継続を重視しています（次ページ図7）。

たとえば、アマゾンは製品を一〇年間もつくり溜めすることはできません。ところが、作業服は一〇年間同じものが買えるのです。「５Ｌ」という特殊なサイズしか体に合わない人であっても、今の作業服が汚れたり消耗して着られなくなったら、すぐに代わりが見つからないと仕

図7

ワークマンのアパレル業界に対する優位性

低価格	製品原価率が64% ブランドメーカーは20%以下が多い
継続製品	PB品は5年間継続販売 値引き販売率2%以下、色／柄のみ毎年変化
共通製品	作業／一般客共通製品が多い どちらかで売り切れるユニセックスゆえ 女性にも残れば翌年も定価販売可

当社のPB製品生産方式

1年目は少なめにつくって様子を見て、2年目以降は毎年改良して
±15%精度の需要予測で生産する

★競争先が数年追いつけないダントツ製品の開発が前提

事に差し支えが出てしまいます。だから、一回つくったものはサイズに関係なく、必ずひとつは在庫として店舗に置いてあるというのが作業服の世界なのです。

そんな作業服市場で実績を積み重ねてきた当社には、アパレル業界に対し、次のような優位性があります。

1．価格が安い

ブランドメーカーの製品の原価率はたいてい二〇%以下で、売れないと値段を下げます。これに対し、当社の製品原価率は六四%で、当然その分、上代価格は安くなります。

2. 継続製品

さらに、売れなくても値段を下げず、翌年以降も定価で販売します。毎年モデルチェンジをするわけではない作業服だから、これができるのです。この継続製品である点が当社の優位性の二つ目です。作業服以外のＰＢ品の場合も五年間継続販売を基本としています。色や柄は変えても、型紙と生産ラインはずっと同じです。値引き販売率は二％以下です。

当社のＰＢ製品の生産方式について触れておくと、一年目は少なめにつくって様子を見ます。そして、二年目以降はそのデータをもとに、プラスマイナス一五％の精度（社員にストレスを与えないため、低めに設定）で需要予測を行って生産します。ただし、これは競合が製品寿命の五年間は追いつけないダントツ製品であることが大前提となっていることは、いうまでもありません。当社はそういう製品しかつくらないのです。

3. 共通製品

三つ目は、作業用と一般客用の共通製品が多いという点です。そのため、一般客用で売れ残っても、翌年以降は作業服として定価で売り続けることができるのです。

図8

新業態の課題

製品力	Wow！な製品を出し続ける仕組み アンバサダーの製品開発への参画
	その分野で影響力のあるアンバサダーの知見を活かす
二毛作製品	プロ客もアウドドア客も使える製品 作業服のスタイリッシュ化を牽引する
二毛作店舗	朝夕はプロ客、昼間と休日は一般客 ◆プロ客は90％以上が自分の製品に見える ◆一般客は70％が自分の製品に見える ◆女性客は50％が自分の製品に見える
	時間で看板／マネキン／照明が変わるW's Concept Shopをつくる

新業態店「ワークマンプラス」の課題

二〇二〇年三月末までに「ワークマンプラス」を一七五店舗オープンします。ただし、当社は「がんばるのはダメ」という方針の会社なので、完璧は求めません。九割の出来でいい。だから社員にはやらせず、店舗の運営はアウトソースです（図8）。

それから、「Ｗｏｗ！な製品」を毎年出し続けるために、影響力のある〝アンバサダー〟の知見を活かす仕組みをつくりました。アンバサダーとは、ワークマン製品が好きで継続してワークマン製品について情報発信をしてくれる方、ある専門分野に精通していてワークマンの製品開発に助言をいただける方など、ワークマンを応援してくれる方々を当社が認定している制度です。もともと作業服では、お客様の声を製品づくりに取り入れてきているので、アウトドアでも同様のやり方をしていきます。また、当社の製品は、プロ客もアウトドア客も使えることを前提にした二毛作です。そのため、作業服はどんどんスタイリッシュ化していかなければなりません。

店舗も、朝夕はプロ客、昼間と休日は一般客向けに看板や内装が変身する店舗をつくり、こちらも考え方は二毛作です。また、プロ客は九〇％以上、一般客は七〇％、女性客は五〇％が、自分の製品に見えるような「見せ方」になっています。

アマゾンに負けない経営

小売り販売を行ううえで最大のライバルはアマゾンです。アマゾンに勝つことはできませんが、少なくとも負けない仕組みをつくらなければなりません。それには、次の三点がポイントとなります（次ページ図9）。

1．定価でアマゾンに負けない

小売り販売でアマゾンに負けないための前提条件となるのは、同じ土俵に上がらないことです。

図9

ネット販売のClick & Collect化

目標　Amazonに絶対に負けない仕組み

実現手段

①Amazonに定価で負けない製品開発
低価格PB作業服では競合メーカーが撤退
アウトドアウェアでも未だに競合は無い

②Amazonに配送費で負けない店舗受け取り通販
店舗在庫活用の店舗受け取り通販なら宅配費ゼロ

③販促費ゼロ　SNSの評判だけで売り切る

背景　★店舗受け取りのほうがLife Time Valueが高い

すでに高機能・低価格PB作業服では、当社を脅かす競合メーカーはありません。アウトドアウエアでも、アマゾンが中国やミャンマーなどで同じ機能のものをつくろうと思ってもできない製品をそろえています。

また、当社の作業服製品はアマゾン対策として一〇年間の供給保証をつけています。これはアマゾンには絶対できないことです。

2. 配送費でアマゾンに負けない

アマゾンに配送費で負けないために、当社は自社のオンラインストアで宅配サービスを行うと同時に、店舗在庫を活用した店舗受け取りスタイル（Click & Collect）を推奨しています。これなら宅配費はゼロです。

各店舗と本部の間には毎日専用便が往復しているので、店舗に在庫がないものは翌日、定期便トラックに空きスペースがなければ翌々日に入れます。作業服もアウトドアウエアも競争がないのですから、無理して「すぐ受け取れますよ」という必要はありません。そこを犠牲にすれば、アマゾンに配送費で勝てるのです。

現在はまだ宅配をやっていますが、将来的にはやめようと思っています。「店舗受け取りのほうが、来店したお客様が固定客化してライフタイムバリュー（顧客生涯価値）が高い」というデータがあるので、直送は捨ててもいいのではないかと考えているところです。

3. 販促費をかけない

ネット通販で圧倒的な知名度を持つアマゾンは販促費を必要としないので、戦いを挑む際は販促費をかけると最初から不利になります。

そこで、前述したアンバサダーに無償でワークマンの製品情報をブログやSNSで発信してもらえれば、販促費はかかりません。最近のお客様は広告よりもネット上のユーザーの評価をチェックしてから買うので、当社は非常に重視しています。

当社はマスマーケティングを基本とし、いわゆるOne to Oneマーケティングはやりません。それは、自然に売れる製品だけをつくっているからです。そのために、最大リソースを投入し、圧倒的に高機能で低価格な製品を開発しています。

また、当社の製品は一〇年間売れますから二～三カ月在庫になってもどうということはありません。そのため、中国の素材メーカーとコラボし、海外工場の閑散期に生産して、加工費を一〇%下げるといったことができるのも強みです。

さらに、店舗、品ぞろえを標準化していて値引きもしないので、サンプリングデータがそのまま使えるというのも、当社の特徴になっています。

結局のところ、当社におけるマーケティングの役割は、〝競争を起こさせない仕組みづくり〟なのです。

ワークマンのマーケティング戦略

当社のマーケティング戦略について説明します(図10)。

最も力を入れているのが、製品戦略です。ネット販売の製品にも負けない低価格、競合他社が数年かけても追いつけないダントツな製品しかつくらないというのが、当社の製品戦略の基本です。

図10

ワークマンのマーケティング戦略

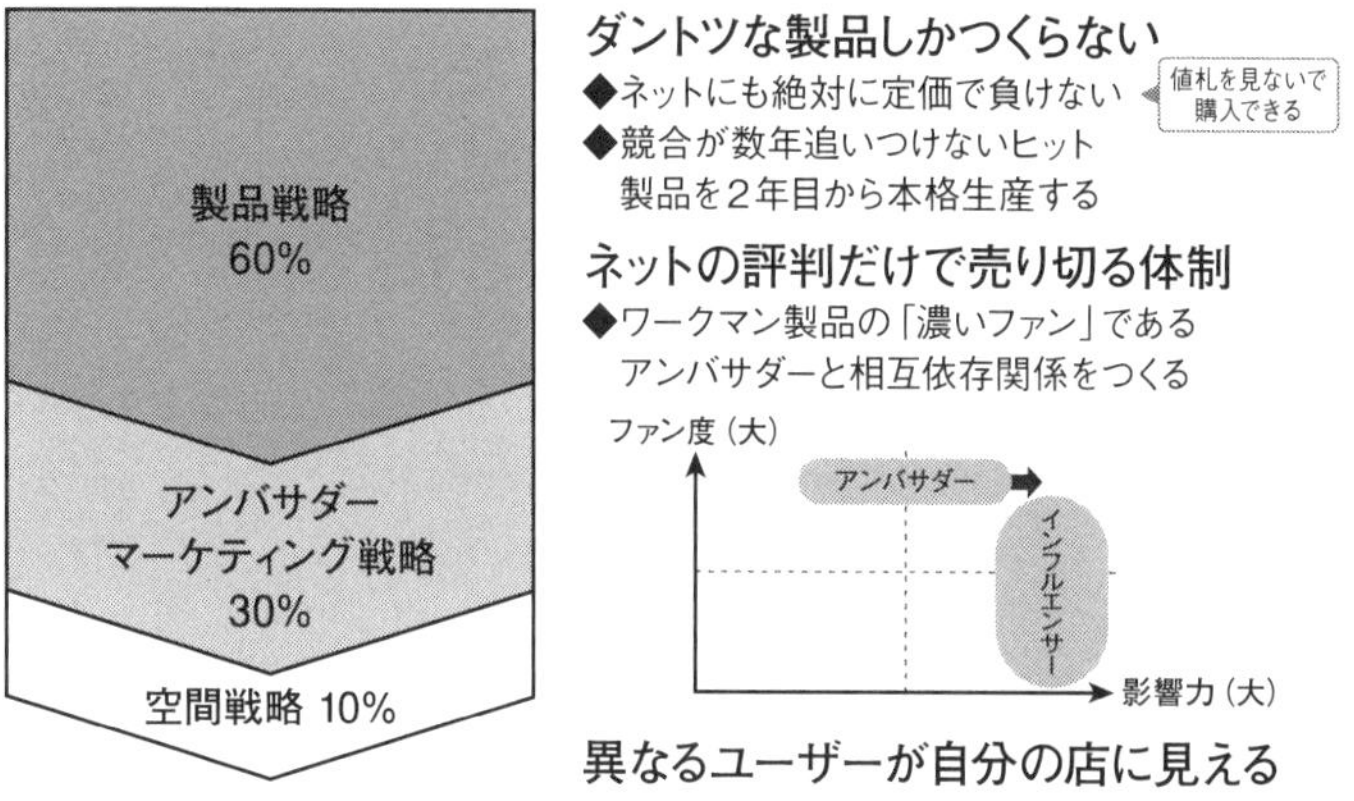
製品戦略
60%
アンバサダー
マーケティング戦略
30%
空間戦略 10%
ダントツな製品しかつくらない
◆ネットにも絶対に定価で負けない
値札を見ないで
購入できる
◆競合が数年追いつけないヒット
製品を2年目から本格生産する
ネットの評判だけで売り切る体制
◆ワークマン製品の「濃いファン」である
アンバサダーと相互依存関係をつくる
ファン度（大）
アンバサダー
インフルエンサー
影響力（大）
異なるユーザーが自分の店に見える

ただ、アウトドアウエアの場合、どんなにいい製品でも、それだけでは三〜四%の成長がせいぜいです。そこで大事になるのが空間戦略、店舗の空間や見せ方を変えるということです。

そして、これも忘れてはならないのが、アンバサダーマーケティング戦略です。ただし、広告代理店や芸能事務所と組んで、お金を使って宣伝してもらうような施策を、当社は絶対にやりません。ではどうするかというと、ワークマン製品の濃いファンであるアンバサダーに、ファンが望む新製品やイベント情報を独占的に提供し、その代わりに、当社の宣伝をしてもらうという相互依存関係を築くのです。

パブリシティの活用にはコツがあります。大事なのは、製品やイベントの企画をつくる時点でどう公表するかを想定し、記事を書きやすくする工夫を施しておくということです。それには記事を書きやすい面白いストーリーを織り込んでおくのがいいと思います。

「ワークマンプラス」の場合、『日経トレンディ』のヒット予測ランキングで一位を獲得するにはどうしたらいいかという前提で、企画を考えました。

しかし、当社単独では三〜五位に食い込むのがせいぜいです。そこで、ライバルをつくることにしました。それが売上高一・四兆円を誇る世界でも唯一の大手低価格スポーツメーカー、デカトロンです。同社を黒船に見立てて、「黒船を迎え奮戦する国内企業」というストーリーを展開すれば、記事にしやすいではありませんか。

さらに、都合のいいことに、デカトロンの一号店が家賃の高い阪急西宮ガーデンズに出店するのに対し、当社は関西一号店を近くのららぽーと甲子園に出店するので、「リッチな外資VS弱小内資」という構図で、「西宮戦争」というタイトルをつけられます。

この戦略は大成功し、二〇一九年ヒット予測ランキングの一位は、デカトロンと当社がともに受賞しました。さらに、一九年ヒット実績では、当社が〝単独〟で一位を獲得したこともつけ加えておきます。

アンバサダーマーケティングの事例

当社のアンバサダーマーケティングの実例を、いくつかご紹介します。

〈その1〉

当社のアンバサダーのひとりがサリーさんです。五歳と七歳の子どもがいるママさんキャンプブロガーで、自身のブログ「ちょっとキャンプ行ってくる。」を運営しています。彼女には当社の製品開発に参加してもらっています。

たとえば、溶接工用の耐火性ジャケットをアウトドア用に売り出す際には、「グレーの一色ではなく、青と赤のツートンカラーにすること」と、「ハーフジップで上から被るスタイルだと、口紅やファンデーションがついてしまうので、フルジップのほうがいい」という提案が彼女からありました。フルジップにすると販売価格が一九〇〇円から二五〇〇円に上がってしまうので、当社としては正直あまり気が進まなかったのですが、「高くてもいい」という彼女の提案を採用したのです。その結果、かなり売れました。このように、社員よりもアンバサダーの提案のほうが、概してレベルが高いのです。

彼女には、当社の商品を紹介するテレビ番組にも出演してもらっています。これも社員より、アンバサダーのほうが数段熱を持って語ってくれるので説得力があるのです。

また、彼女のブログのフォロワーを増やすのに役立つよう、当社の展示会やイベントがあれば招待し、新製品の情報も優先的に提供しています。すると、当社とのコラボ前は月七〇万人だった閲覧者が、三カ月で月一一〇万人に増えたそうです。
当社には、彼女のような公式アンバサダーが現在二五人ほどいます。

〈その2〉

当社は四年前から、アンバサダーを対象とした新製品発表会を開催しています。当初はマスコミ向け発表会の後に行っていましたが、今はアンバサダー向け発表会のほうを先に行うようにしています。

最近では、二〇一九年九月に「アンバサダー向け過酷ファッションショー」を行いました。これは、公式アンバサダーの意見を取り入れて開発した製品のショーとアンバサダーのトークのほかに、ランウェイに雨や雪が降り、風が吹き荒れる演出が話題になりました。

これにはアンバサダーとインフルエンサーが六〇人出席し、一三のテレビ番組と一四五のウェブ媒体で紹介されました。

〈その3〉

二〇二〇年三月、W's Concept Store さいたま佐知川店がグランドオープンしました。「W's Concept Store」とは、プロ客の多い朝夕と一般客の多い昼間とで、店内のディスプレイや照明、BGM、香りに至るまで、それぞれの客層にふさわしいものに変えてしまう店舗のことです。

すでに何度も申し上げているように、「ワークマン」と「ワークマンプラス」では、同じ製品を取り扱っています。しかし、そのことを知らないユーザーがまだまだ多いのが実情です。そこで、作業着とアウトドアウエアの二つの価値（w）を持つ製品が同じ店舗内にあるということを認知してもらおうというのが、この W's Concept Store の狙いです。

それから、今後の展開としては、二〇二〇年秋にアンバサダーとのコラボ製品のみのファッションショーと、SNSとリアルの一体化を図る #Connected Store の内覧会をそれぞれ予定しています。

〈その4〉

二〇一九年一〇月、千葉県松戸市の大型商業施設「テラスモール松戸」にオープンした「WORKMAN Plus テラスモール松戸店」は、新たなかたちの Connected Store 一号店です。

ここでは、店内の人気製品の前に置かれたPOPのQRコードをお客様がスマートフォンで読み込むと、その製品がヒットするきっかけとなった情報発信をしてくれたアンバサダーのサイトやSNSにつながる仕組みになっています。店長や店員が製品の説明をするよりも、フォロワーが五万人いるブロガーや閲覧者が三〇万人のユーチューバーのコメントのほうが、断然説得力があるのです。

図11

ワークマンのデータ経営

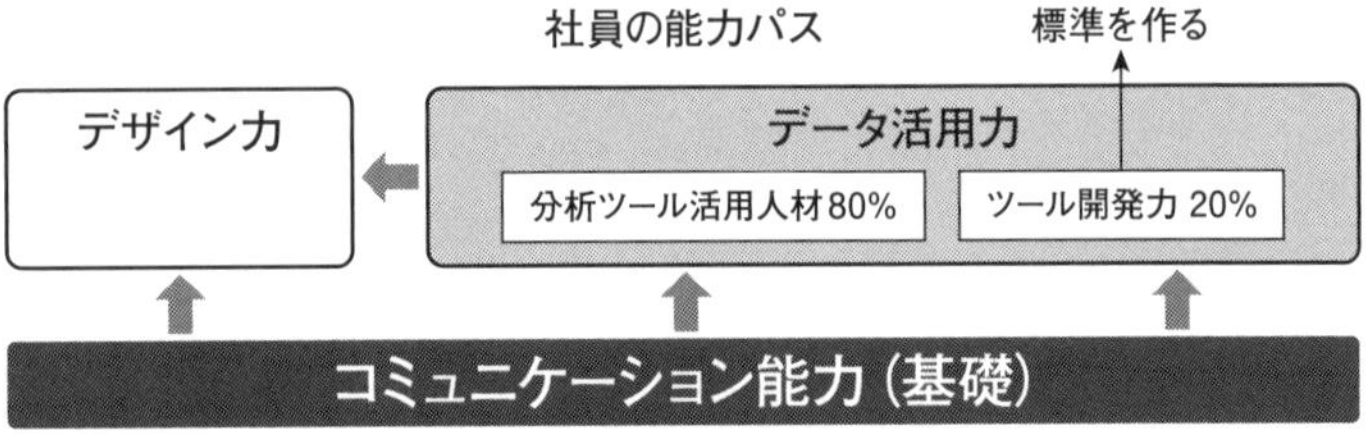

社員の能力パス
標準を作る
デザイン力
データ活用力
分析ツール活用人材80%
ツール開発力 20%
コミュニケーション能力（基礎）

データ経営の深化

2012/8　データ活用研修開始、データ分析チーム設立
2013/7　ベンダーへの自動発注システム稼働
（アルゴリズム自動選択型需要予測による）
2014/10　BI（分析）システム稼働
2017/4　店舗自動発注システム稼働（現在381店で稼働）
2018/9　新業態「WORKMAN Plus」1号店の出店

データ経営とデータ活用研修

ここからはデータ経営について説明します（図11）。

データ経営を実現するには、データだけでなくＩＴインフラの整備やＢＩ（ビジネス・インテリジェンス）ソフトウエアが必要なのはいうまでもありません。しかし、それ以上に重要なのは、それらのシステムやソフトウエアを利用する社員の教育です。

というわけで、当社においては二〇一四年一〇月からＢＩシステムを稼働させ、本格的にデータ経営を始めましたが、その二年二カ月前からデータ活用研修を行っています。

「分析プロ人材が何人かいればいい」とい

うことだと、ブラックボックス化してしまうので、役員を含め全員が使えるようにすることを目指しました。時間がかかったのはそのためです。

また、独自の分析ツールをつくる人も必要ですが、それは全体の二割いればよく、残りの八割は分析ツールを使えればいいということにしました。

データ活用研修を、社長を含め幹部はみな受けています。したがって、「組織の上層部はデジタル化のリテラシーが低くて、何をいっているかわからない」ということは、当社ではありません。

それから、もうひとつ力を入れたのが、デザイン力の底上げです。作業服の時代はデザインもへったくれもありませんでしたが、アウトドアウエアはデザインが大事な要素になるからです。

本当ならデータ活用力のある社長と、デザイン力のある社長が、五年ごとに交代するといいと思っています。

需要予測による善意型サプライチェーン

データ経営を旨とする当社のロジスティクスは、「需要予測による善意型サプライチェーン」によって動いています（次ページ図12）。これは「需要予測に基づいて、情報優位者が納入数量を決める」が原則です。

図12

需要予測による善意型サプライチェーン（買取型VMI）

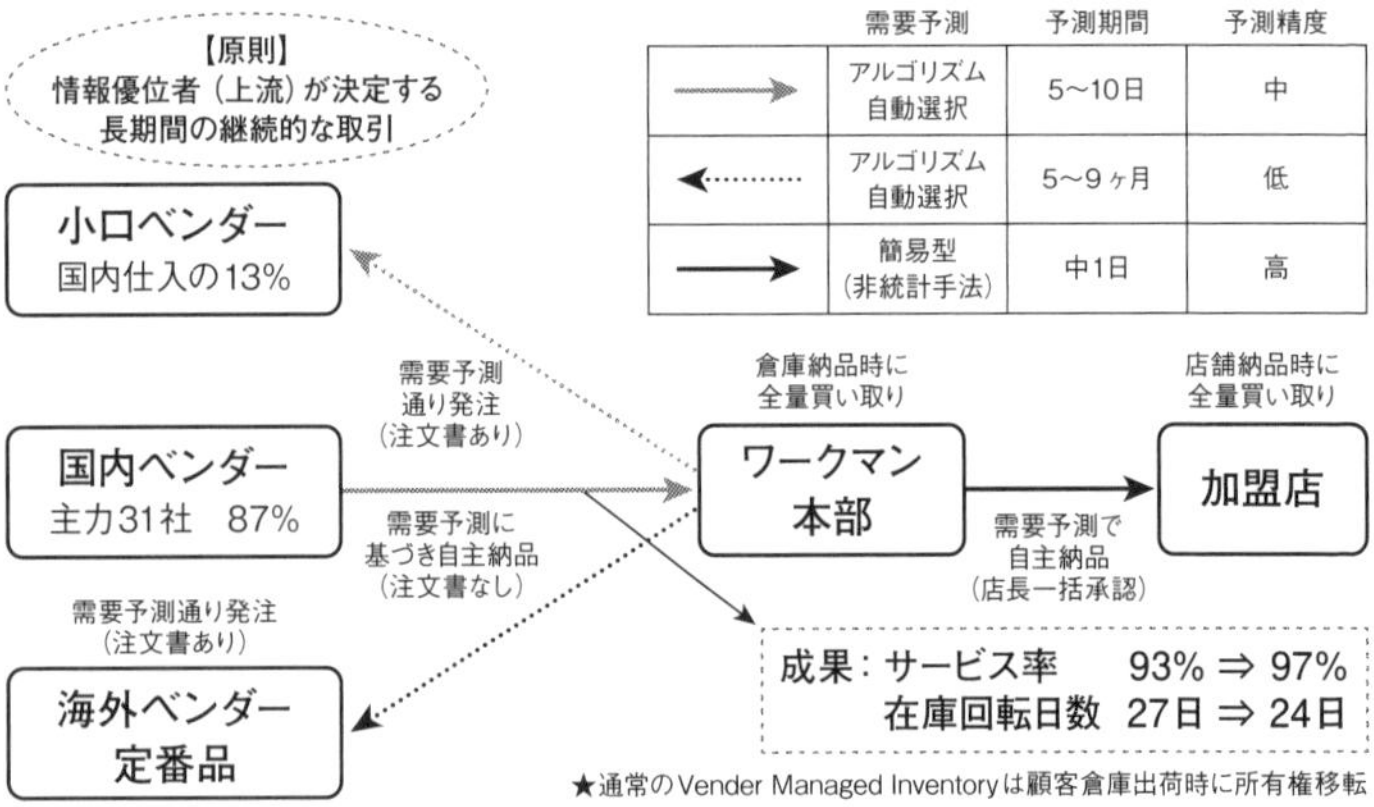
【原則】
情報優位者（上流）が決定する
長期間の継続的な取引
需要予測
予測期間
予測精度
アルゴリズム自動選択
5～10日
中
アルゴリズム自動選択
5～9ヶ月
低
簡易型（非統計手法）
中1日
高
小口ベンダー
国内仕入の13%
需要予測通り発注（注文書あり）
国内ベンダー
主力31社　87%
需要予測に基づき自主納品（注文書なし）
需要予測通り発注（注文書あり）
海外ベンダー
定番品
倉庫納品時に全量買い取り
ワークマン本部
店舗納品時に全量買い取り
加盟店
需要予測で自主納品（店長一括承認）
成果：サービス率　93% ⇒ 97%
在庫回転日数　27日 ⇒ 24日
★通常のVender Managed Inventoryは顧客倉庫出荷時に所有権移転

©WORKMAN CO.,LTD.

以前は、加盟店がワークマン本部に製品を発注し、それをもとにワークマン本部が各ベンダーに発注を行っていました。

新たなサプライチェーンでは、国内仕入れの一三％を占める小口ベンダーにはこれまでどおり、需要予測に基づいてワークマン本部が発注するが、残りの八七％を占める国内ベンダーにはワークマン本部から注文書は送らず、国内ベンダーが当社の需要予測数字と自身の業界情報に基づいて納品するというかたちにしたのです。

国内ベンダーには三〇～四〇年もこの業界で働いている人も多く、当社以外の店舗も見ています。だから、ワークマン本部よりも情報に関しては優位だといえます。そこで、ワークマンからも個店の売上、地域の売上、個店の在庫、物流センターの売上と在庫といったすべてのデータを提供し、ベンダーが数量を決めて自主的に納品できるようにしました。また、納品された製品はワークマンがすべて買い取るので、ベンダーにリスクは発生しません。まさにベンダーの善意に任せたサプライチェーンなのです。

その結果、サービス率が九三％から九七％、在庫回転日数が二七日から二四日と、ともに改善しています。

一方で、加盟店に対しては、ワークマン本部のほうが情報優位者となるので、当社が自身の需要予測に基づいて自主納品します。需要予測による推奨数量を増減する権利は店長に持たせていますが、加盟店は売上急増で忙しく、ほとんどが発注端末の「一括発注ボタン」を押しています。

全社員向けデータ分析研修

社員研修について説明します（次ページ図13、図14）。

二〇一四年にデータ分析ソフトを導入する二年以上前から、入社後に全員が三～四年のうちに計四回の一日研修を受けることになっています。

図13

全社員向けデータ分析講習会

対象	講習名	内容	考査
2年目	d3定型分析	d3の基本分析機能	
2年目	d3汎用分析	d3のレポーター（カスタマイズ画面） バスケット分析d3ルーティン説明	
3年目	エクセル分析	エクセルの基本 簡単なエクセル関数の使用法	○
4年目	d3演習	小売りの計算、HBT分析、 データ加工演習、d3の実践演習	○
幹部候補	スキルアップ	データ加工、データ分析、 エクセル関数の使用法（実践）	○

d3は分析ソフト　初級者向け考査は平均90点

図14

中級者向けデータ分析セミナー

分析サポート講習（分析チームに向けた育成カリキュラム）

	内容
第1回	分析の演習（機会ロス算出の計算）
第2回	需要予測発注の発注ロジックの理解、シミュレーション方法
第3回	エクセル関数上級
第4回	需要予測1（移動平均、指数平滑）、回帰分析、相関分析
考査	分析チーム昇格の考査

分析チーム講習（分析スキル、統計に関する知識の育成カリキュラム）

	内容
第1回	ファイル作成演習（クラスの販売ランキング）
第2回	統計の基礎（標準正規分布、検定）
第3回	分析の演習（時間帯別来店客数、データ加工）
第4回	需要予測2（指数・対数・多項式）
第5回	需要予測発注のロジック変更時のシミュレーション方法

1．入社一～四年目社員を対象とする「全社員向けデータ分析講習」

入社後二年間、店舗で店長を経験する間にデータ分析講習を二回受けます。具体的には、パソコンに標準装備されているマイクロソフトの表計算ソフト「エクセル」と、データコム社製の小売り向けPOSデータ分析ソフト「d3」の使い方を覚えます。

その後、店舗活性部で店舗の改装や新店の立ち上げに携わる間に、講習を一回受けます。ここではより実践的な「d3」の使い方を学びます。具体的には「d3汎用分析講習」や「エクセル分析講習（データはd3からダウンロード）」です。

そして、SV（スーパーバイズ）部という営業職に上がる間に「d3演習講習」を受けます。

2．入社五年目以降の社員を対象とする「全社員向けデータ分析講習」

係長以上、チーフやマネジャーなどの幹部に対しても毎年講習を行い、データに関する知識の底上げや維持を図っています。

具体的には、マネジャー以上には「幹部スキルアップ講習」「分析セミナー」、エリア長以上には「データサイエンス月報検討会」といった研修です。

研修後にテストを行いますが、当社の社内研修は誰もが九〇点を取れるレベルの「浅く広く」が原則です。平均六〇点しか取れないような試験は、参加者の三分の一が苦手意識を持ってしまい、エクセルやデータを見ることに嫌悪感を抱いてしまいます。しかし、試験の平均点数が九〇点なら、誰もがデータ活用に自信が持てるようになります。「ほめて伸ばす」が大切なのです。

データ活用度の検証

データベースを入れて六カ月後に、全国のSVがデータ分析ソフトにどれくらいアクセスしたかを調べ、後日、上位一〇人と下位一〇人の営業に同行しました。その結果わかったのは、下位の人たちのほうが優秀だったということです。

どういうことかというと、アクセス下位のSVはコミュニケーション能力が高く、店長との交流を通して信頼関係を築いているので、こちらの提案を容易に受け入れてもらえるのです。

これに対し上位のSVには、決してコミュニケーションに長けているわけではありませんが、データを駆使して「売れ筋はこれです」「この製品を置けばこれだけ儲かります」と数字で説得するようになって、成績が上がったという共通点がありました。

下位の人たちの真似はそう簡単にできませんが、上位の人たちのやり方なら誰でもできます。

図15

需要予測アルゴリズム（国内ベンダー納品必要数）

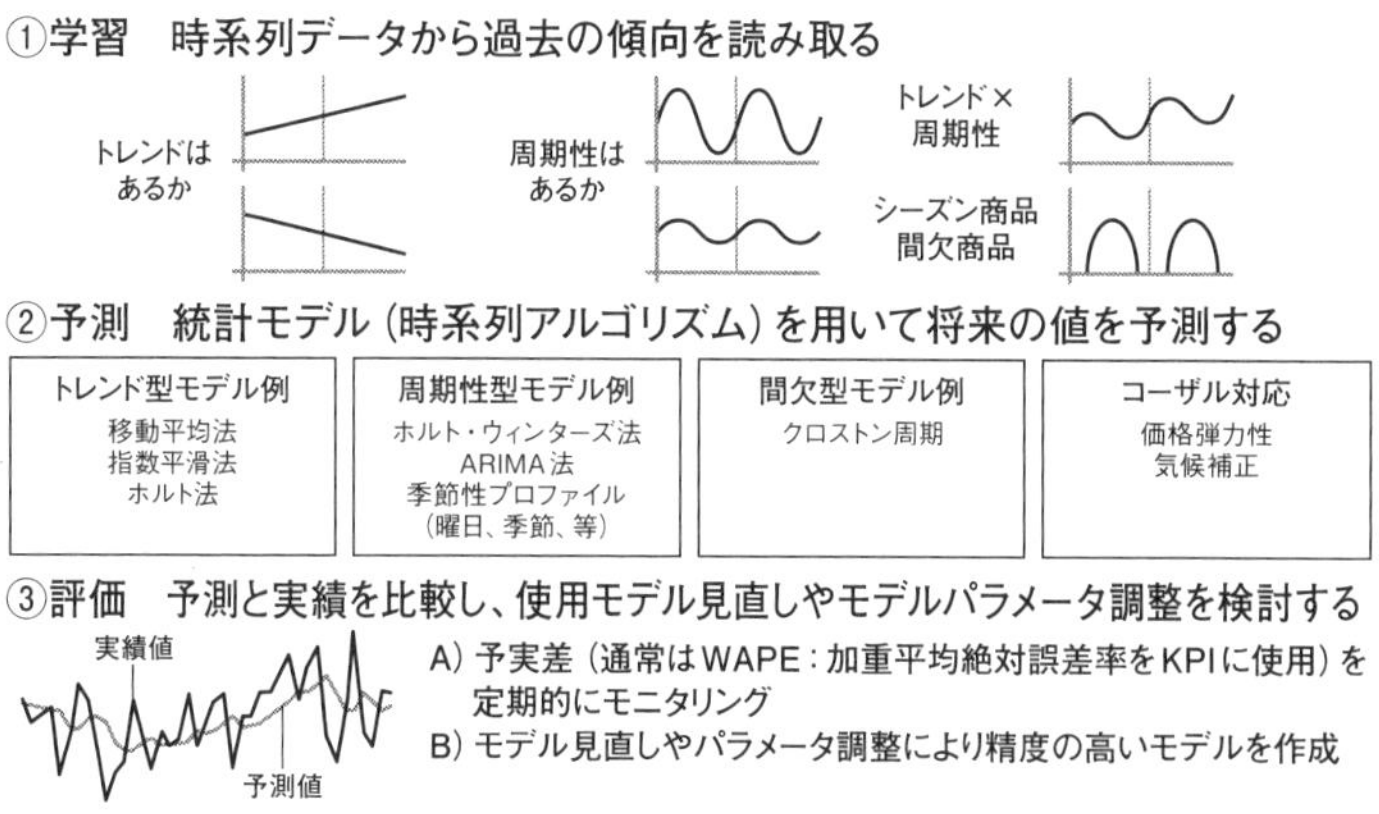
①学習　時系列データから過去の傾向を読み取る
トレンドはあるか
周期性はあるか
トレンド×周期性
シーズン商品 間欠商品
②予測　統計モデル（時系列アルゴリズム）を用いて将来の値を予測する
トレンド型モデル例
移動平均法
指数平滑法
ホルト法
周期性型モデル例
ホルト・ウィンターズ法
ARIMA法
季節性プロファイル
（曜日、季節、等）
間欠型モデル例
クロストン周期
コーザル対応
価格弾力性
気候補正
③評価　予測と実績を比較し、使用モデル見直しやモデルパラメータ調整を検討する
実績値
予測値
A）予実差（通常はWAPE：加重平均絶対誤差率をKPIに使用）を定期的にモニタリング
B）モデル見直しやパラメータ調整により精度の高いモデルを作成

ゆえに、データ経営を標準にすべきなのです。

需要予測アルゴリズム

需要を予測するためにいろいろなアルゴリズムをつくりました（図15、次ページ図16）。当たる確率の高いのは、ＡＲＩＭＡやホルトウィンターズなどの統計が利くものです。

これらのアルゴリズムを駆使した需要予測機能は、ワークマンが開発した発注システムに組み込まれています。ワークマンの本部はこれらの需要予測に基づいて自動発注し、ベンダーは自主的に納品。本部から各加盟店に完全自動発注システムで商品が納入される仕組みです。

前週の実績を確認し、実績に最も近い予

図16

需要予測アルゴリズム

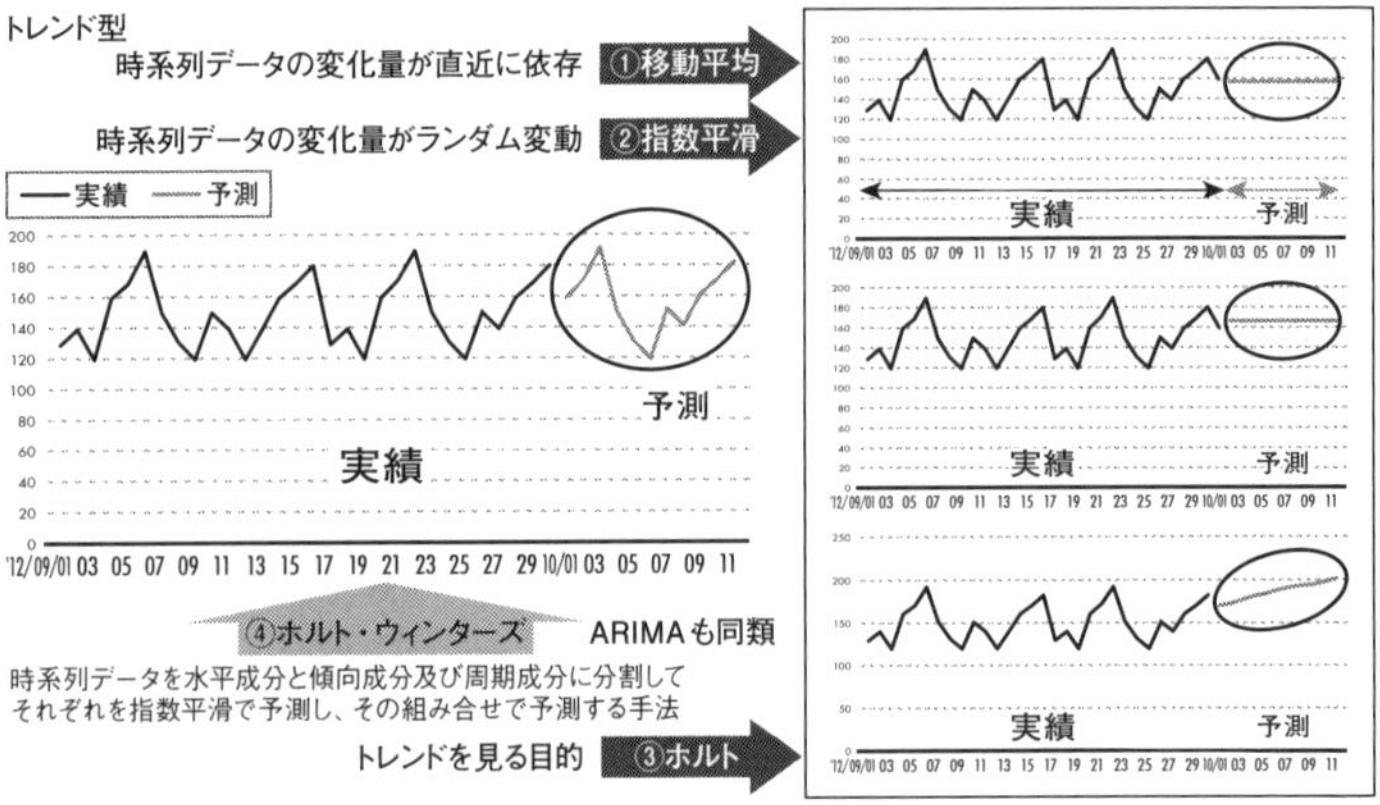
トレンド型
時系列データの変化量が直近に依存
①移動平均
時系列データの変化量がランダム変動
②指数平滑
実績
予測
④ホルト・ウィンターズ
ARIMAも同類
時系列データを水平成分と傾向成分及び周期成分に分割して
それぞれを指数平滑で予測し、その組み合せで予測する手法
トレンドを見る目的
③ホルト

測値をはじき出したアルゴリズムを今週の発注に適用する仕組み（アルゴリズム自動選択）を採用しています。

こうしたデータ活用に基づいた業務の自動化が、ワークマンの成長を支えているのです。

当社がやらないと決めたこと

経営戦略とは、要するに「何を捨てるか」を決めることだと私は思っています。

そこで、当社がやらないと決めたことをまとめてみました（図17）。

たとえば、社内行事は一切ありません。社員には、会社にいる時間をできるだけ短くして、家族や友人と過ごす時間を大切にしなさいという考え方です。

図17

当社がやらないと決めたこと

「何を捨てるか」が経営戦略

業　態	アパレル業	海外出店	**高付加価値製品**
仕組み	**値引き販売**	顧客管理	情報システムを完璧に作る
志　向	厳格な期限管理	部下が説得しにくい上司	**頑張る**
文　化	社内行事	ノルマ	幹部が毎日本社へ出社

それから高付加価値販売をしません。短期的な利益はいらないので、とにかく低価格の商品をお客様に提供します。ただし、値引き販売はしません。

顧客管理もしません。不特定のお客様から圧倒的な信頼を受けることが、当社にとって大切だからです。

あとは「部下が説得しにくい上司」もダメです。部下がデータを示してきて「その判断、間違っていますよ」といわれたら、素直に意見を変えるか、少なくとも検討をしなければいけません。

詳しくは私の著書『ワークマン式「しない経営」』（ダイヤモンド社）をご参照ください。発売時にアマゾンの全書籍ランキングで九位にまでなったベストセラー本です。

図18

ワークマンの活動システムマップ

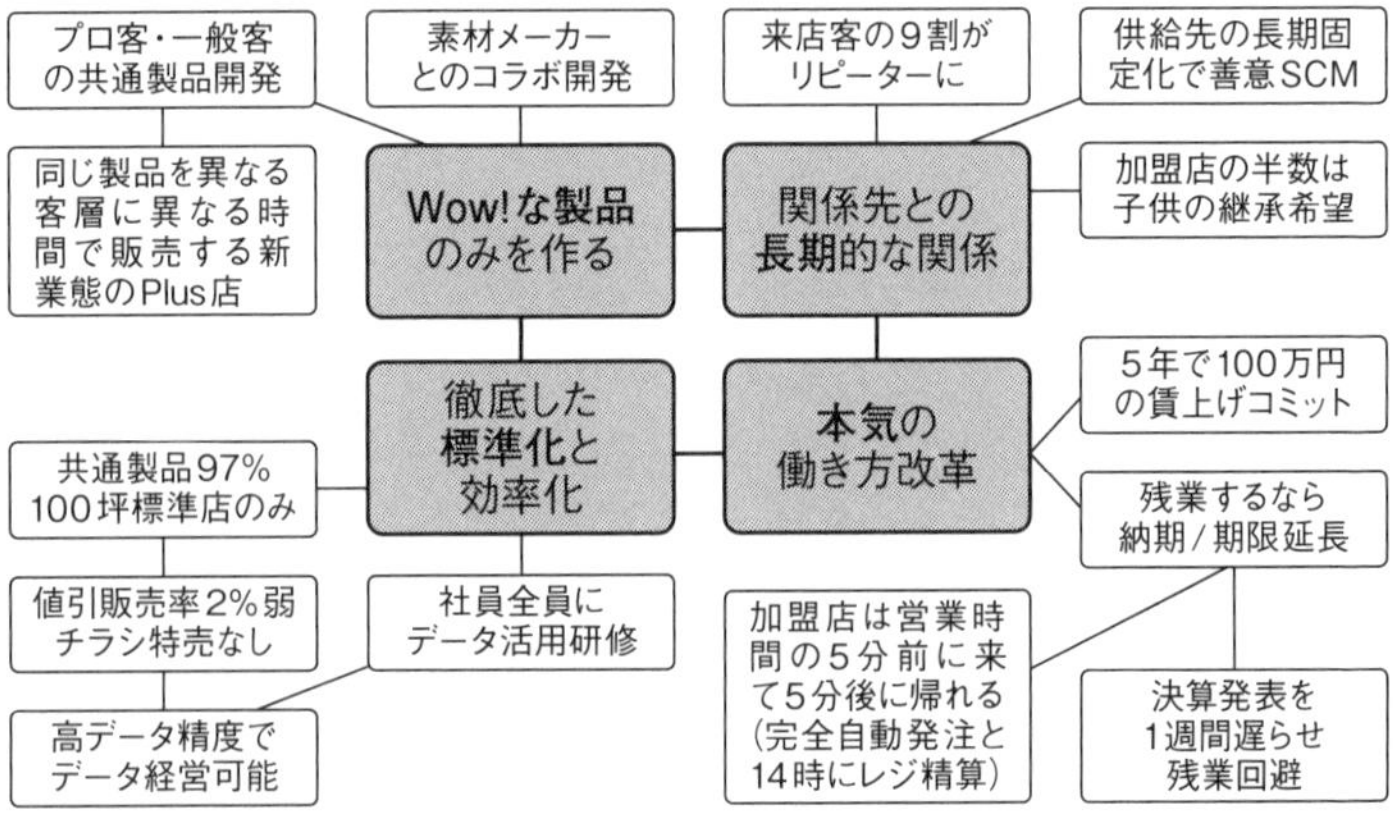
プロ客・一般客の共通製品開発
素材メーカーとのコラボ開発
来店客の９割がリピーターに
供給先の長期固定化で善意SCM
同じ製品を異なる客層に異なる時間で販売する新業態のPlus店
Wow!な製品のみを作る
関係先との長期的な関係
加盟店の半数は子供の継承希望
徹底した標準化と効率化
本気の働き方改革
５年で100万円の賃上げコミット
残業するなら納期／期限延長
共通製品97%
100坪標準店のみ
値引販売率2%弱
チラシ特売なし
社員全員にデータ活用研修
加盟店は営業時間の５分前に来て５分後に帰れる（完全自動発注と14時にレジ精算）
決算発表を1週間遅らせ残業回避
高データ精度でデータ経営可能

©WORKMAN CO.,LTD.

【まとめ】ワークマンの活動システムマップ

前述した「しない経営」と反対に、こちらは当社がやったことをまとめたものです（図18）。

とくに「本気の働き方改革」には力を入れました。「残業するくらいなら、納期や期限を延長しろ」「頑張るな」という会社はあまりないかもしれません。圧倒的トップを走っている当社には、恐れる二位はいないわけです。だから、社員が残業してくたくたになってまでやる必要はないのです。

【質疑応答】

Q1　なぜ商社マンをやめて、ワークマンに入社したのか。

土屋　創業者で当時会長を務めていた叔父の土屋嘉雄から声をかけられたからです。かなり前からそういう話はあったのですが、私自身はもっと修業が必要だと思っていたので、三井物産のあと、三井情報開発（現三井情報）でＩＴを勉強し、還暦直前のタイミングでワークマンに入社しました。

Q2　二〇一四年の「中期業態変革ビジョン」の項目に、社員一人当たりの時価総額を上場企業でナンバーワンにするとあったが、そのためにストックオプションも導入したか。

土屋　社員持ち株制度はあって、古くからの社員はお金持ちですが、ストックオプションはやっていません。本業以外はやらない会社なので、ストックオプションの設計もやりませんでした。

Q3　全国に一〇〇〇店舗近くある中でデータ経営を徹底するのは簡単ではないと思う。そのため研修以外にどんな工夫をしたのか。

土屋　基本は研修ですが、同時に部署ごとに勉強会を開いて、そこで二カ月に一度のペースで分析成果の発表会を行いました。これは研修で学んだ知識をさらに深化させ、社員に自信を持たせるのが目的です。こうして全部の部署でデータ経営の準備が整うまでには五年くらいかかりました。

Q4　ワークマンでは、幹部は毎日本社へ出社してはいけないことになっているそうだが、そうすると社長は何をやっているのか。

土屋　加盟店回りが中心です。それから、新店を出す土地の確認や、開店時の地主さんへの挨拶など、やることはたくさんあるようです。

Q5　土屋専務が力を入れている業務は何か。

土屋　会社のホームページからニュースリリース、広告、テレビCMまで、会社が外部に発信する文章や企画はすべて私が原稿を書いています。それから、店長募集広告の作成も私の仕事です。あとはIT、ロジスティクス、新業態開発とデータ分析関連、それから通常の経営企画の業務があります。

Q6　お客様の声は商品開発などにどのように利用しているのか。

土屋　お客様の声は基本的にSNSから収集しています。具体的には、ヤフーの「リアルタイム検索」で、「ワークマン」という単語が入っている発信を、毎日エゴサーチ（自己検索）しています。とくに怒った絵がスタンプされるものは全部見るようにしています。
そのほかにも店長経由で入ってくるお客様の声もあるし、もちろんアンバサダーの意見も参考になります。

Q7　アンバサダーを重視するのはなぜか。

土屋　フォロワーが五万人いるということは、その人の見方や発言が的を射ているからです。間違っていたらそれだけの人たちから支持されません。また、フォロワーが多いブロガーの意見は最大公約数の声ということですから、非常に貴重だといえます。

Q8　ユニクロをどう見ているか。

土屋　ユニクロは、下着のように数量が多くて流行が少ない、非常にいいマーケットをとっていると思います。しかも、冒険せず地味なものを一〇〇万単位でつくれる。

ただ、ユニクロは在庫を切らさないようにやっていますが、当社は早めに在庫がなくなってもやむを得ないというような販売戦略を採っており、そこは明らかに異なります。競合がいないので、二年目からは需要予測値のマイナス五%くらいで生産をしています。ただ、あまりマイナスばかりだと、ワークマンは騒いでばかりであまり製品をつくらず、お客さんをないがしろにしているといった悪い評判が立ってしまうので、そこは気をつけなければいけないと思っています。

Q9　アンバサダーはどのように選んでいるのか。また、フィーは払っているのか。

土屋　イベントに招待した場合などは、交通費や宿泊費を支払うことはありますが、基本的にフィーは発生していません。

選び方は、ブログ、ツイッター、ユーチューブなどで「ワークマン」や「ワークマンプラス」で検索し、上位の人に声をかけるようにしています。とくに、あえて苦言も辞さないという人は大歓迎です。

アンバサダー就任を打診すると、インスタグラムのフォロワーが五〇〇〇人くらいいる人なら、だいたい喜んで引き受けてくれます。十万人以上にフォローされている人はスポンサーがついていることが多く、断られることもあります。

Q10　ワークマンの店舗には歴史を感じさせるところも多いが、今後はそういうところもどんどんリニューアルを進めていくのか。

土屋　以前は夫婦二人で朝七時から夜八時まで店を開けていて、昼間だけ奥さんが店にいるといった、まったり経営の店がほとんどでした。そういうところの店長のなかには

「ワークマンプラス」を迷惑だと思っている人もいるわけで、そういうところにはあえて改装を勧めません。

もちろん、ガツガツ稼ぎたいという人はワークマンプラスを歓迎してくれます。

まったり型とガツガツ型、当分はその両方があるかたちでいいと思っています。

Q11　直営店と加盟店の割合はどうなっているのか。

土屋　全国八七〇店のうち、直営路面店は二〇店ほどで、大半の路面店がフランチャイズ加盟店です。直営店は社員の手間がかかるので、できればやりたくありません。その点、モール店はすべてが運営委託ですから、社員はひとりも行かなくてすむため、効率がいいのです。

直営店でも基本的に価値を生む仕事は品出しとレジ打ちだけで、接客はしません。店舗で価値を生む仕事はその二つだけです。

（二〇二〇年二月二八日「ATAMI せかいえ」にて収録）

第三章

企業における情報システム改革からIoT、DXへの取り組み

矢島孝應

PROFILE

矢島孝應

Takao Yajima

ヤンマー株式会社 取締役CIO(講演当時)、特定非営利活動法人CIO Lounge理事長
1979年松下電器産業(現パナソニック)入社。三洋電機を経て2013年1月にヤンマーに入社。その間、アメリカ松下電器に5年、松下電器系合弁会社取締役3年、三洋電機執行役員、関係会社社長を3年経験。ヤンマー入社後、執行役員ビジネスシステム本部長就任。2018年6月に取締役就任、2020年退任。

一貫して、ITによる経営革新に携わる

まず私の経歴をご紹介します。

一九七九年に大卒で松下電器産業（現パナソニック）に入社しました。一九九七年からは、アメリカ松下電器のMISジェネラルマネジャーを五年半ほど務めました。

その間、松下電器は創業以来初の赤字に転落したため、二〇〇〇年に社長に就任した中村邦夫氏は「IT革新なくして経営革新なし」と宣言し、自らIT革新本部長に就任し、社長退任まで続けました。

二〇一〇年にパナソニックが三洋電機を買収すると、私は当時の大坪文雄社長から、三洋電機のCIO（最高情報責任者）に抜擢されました。ここではソーラーパネルとリチウムイオンを融合した事業拡大を目指していましたが、最後の二年間は事業整理に追われ、かなり厳しい日々でした。

その後は大学の先生になる予定だったのですが、ヤンマーから「助けてほしい」と頼まれ、二〇一三年に執行役員ビジネスシステム本部長として入社しました。すると、この年はヤンマーの創業一〇一年目がスタートした年だったということもあり、次の一〇〇年を見据えた長期計画の作成に携わることになりました。当初一年間だけお世話になるつもりでしたが、計画ができ上

がると、今度は「計画だけではなく、実行も」という話になり、二〇一八年に取締役に就任し、約二年間CIOを務めました。現在はヤンマー在籍時に立ち上げたCIO LoungeというNPO法人の理事長を務めています。

そんな私のキャリアをひと言でいうなら、「IT革新による経営革新を一貫して推進してきた」です。

ここでは、私が前職のヤンマーで行ってきたことについて、お話しいたします。

ヤンマー創業の経緯と社名の由来

ヤンマーの創業は、明治から大正に元号が変わった一九一二年まで遡ります。当時の社名は山岡発動機工作所でした。現在、創業一〇八年（二〇二〇年二月現在）。非上場のオーナー企業です。

一九三三年に世界で初めてディーゼルエンジンの小型実用化に成功すると、当時、農業に携わる人たちが苦労しているのを見て、それを農作機械に搭載することにしました。

ちなみに、「ヤンマー」という現在の社名は、収穫の時期に飛ぶトンボの王様オニヤンマからきています。「お百姓さんをもっと楽にしてあげたい」という気持ちを、そのオニヤンマに託したのです。

図1

ヤンマー事業拡大の歩み

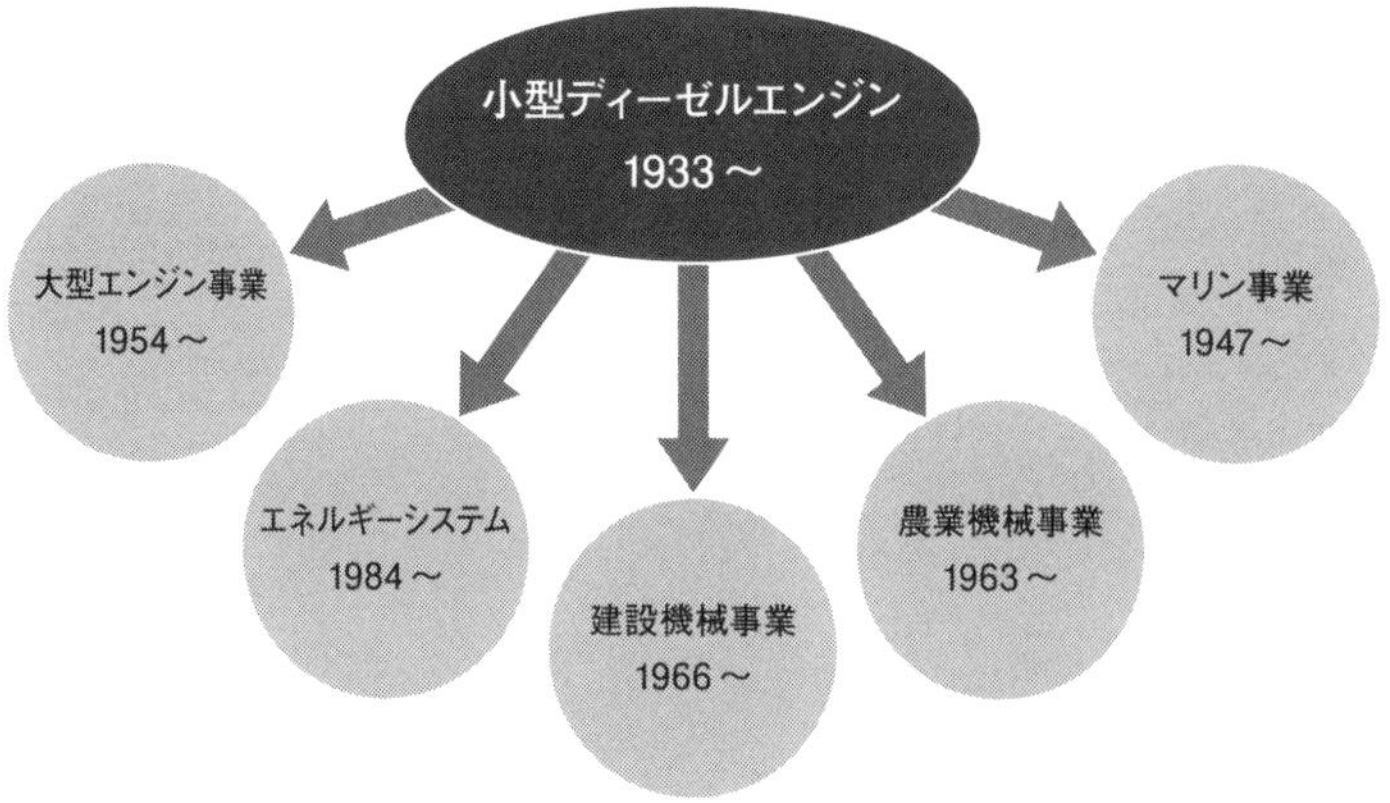
小型ディーゼルエンジン
1933～
大型エンジン事業
1954～
マリン事業
1947～
エネルギーシステム
1984～
建設機械事業
1966～
農業機械事業
1963～

ヤンマーブランドイメージと新ブランド変革

ヤンマーといえば、「ヤン坊、マー坊」のテレビコマーシャルのインパクトが強いからか、農業機械メーカーのイメージを持つ人が多いようですが、現在ヤンマーが手がける事業分野は、その農業機械を含め全部で五つあります（図1）。実際、北米やヨーロッパでは、「ヤンマー」は富裕層向けのプレジャーボートのエンジンのブランドとして認識されているのです。

そこで、次の一〇〇年は「ヤン坊、マー坊」を一度引っ込めて、ヤンマーの本質的価値がきちんと伝わるようなブランド変革を進めることにしました。

具体的には、「ユニクロ」のロゴマークやセブン-イレブンの「セブンカフェ」のデザインなどを手がけた佐藤可士和氏に総合プロデューサーをお願いし、さらにフェラーリや東北新幹線などのデザインで有名な奥山清行氏にもスタッフに加わっていただきました。

このブランド変革の一環として、二〇一五年一一月、デザインを刷新したヤンマーのトラクターが、一〇〇台のフェラーリを率いて大阪の御堂筋を走るというデモンストレーションを行いました。このイベントには、橋下徹大阪市長（当時）や松井一郎大阪府知事（当時）、建築家の安藤忠雄氏にも出席していただきました。

こうして、これまでの「機械なんて動けばいい」という世界から、ヤンマーの商品を所有するすべての人が「誇り」「ステータス」「選ばれし感」を抱くようにブランドイメージを変えようとした結果、二〇一六年にはヤンマートラクター「YT3シリーズ」が「グッドデザイン金賞」に選ばれるという快挙を成し遂げました。農業機械では初めての受賞です。

ヤンマーグループにおけるグローバルIT戦略の考え方

このように企業のブランドイメージを変え、主力商品である農作機械のデザインも変えましたが、ヤンマーが真のプレミアムになるには、働く社員がプレミアムでなければなりません。そして、それを支えていくのが私の仕事です。

図2

「経営判断力」及び「業務力」強化に向けた取り組み

経営情報

「経営判断力」を支える要素

- 経営及び事業にまつわる状況を適時判断できる情報が、的確かつタイムリーに収集できて、判断に必要な分析ができている状態
- そのために必要な情報の定義（タイミング、粒度、精度　ほか）及び判断すべき分析内容とエスカレーションポイントが定義されている状態

ビジネスプロセス

「業務力」を支える要素

- 仕事の流れ（プロセス）が無駄なく、スピーディーに流れている状態
- 業務（ビジネス）プロセスに問題が発生したとき、タイムリーに問題を把握できる仕組みがプロセスに組み込まれている状態
- そのためにプロセスが定義され、見える化されており、異常を検知する基準が経営視点で設定されている状態

そのために私自身がしなければならないことは何か。それは「経営判断力」と「業務力」の強化に向けた取り組みにほかなりません。それぞれ次のように定義することができます（図2）。

1. 経営判断力

・経営及び事業にまつわる状況を適時判断できる情報が、的確かつタイムリーに収集できて、判断に必要な分析ができている状態

・そのために必要な情報の定義（タイミング、粒度、精度ほか）、及び判断すべき分析内容とエスカレーションポイントが定義されている状態

2. 業務力

・仕事の流れ（プロセス）が無駄なく、スピーディーに流れている状態
・業務（ビジネス）プロセスに問題が発生したとき、タイムリーにその問題を把握できる仕組みがプロセスに組み込まれている状態
・そのためにプロセスが定義され、見える化されており、異常を検知する基準が経営視点で設定されている状態

この「経営判断力」と「業務力」を強化するのに必要なのがＩＴです。そこで、『情報管理』『ビジネスプロセス管理』『情報セキュリティを含むＩＴ基盤管理』にＩＴを最大限活用して、ヤンマーグループの事業成長をグローバルに支える」というビジョンを掲げました（図3）。

ヤンマーグループ中期ＩＴ戦略

私が入社した二〇一三年のヤンマーの年間売上は約六〇〇〇億円でした。これを一兆円規模にするのが、当時の中期経営目標でした。

これを実現するための経営課題を挙げたら、以下の五つがありました（図4）。

図3

「経営判断力」及び「業務力」強化に向けて

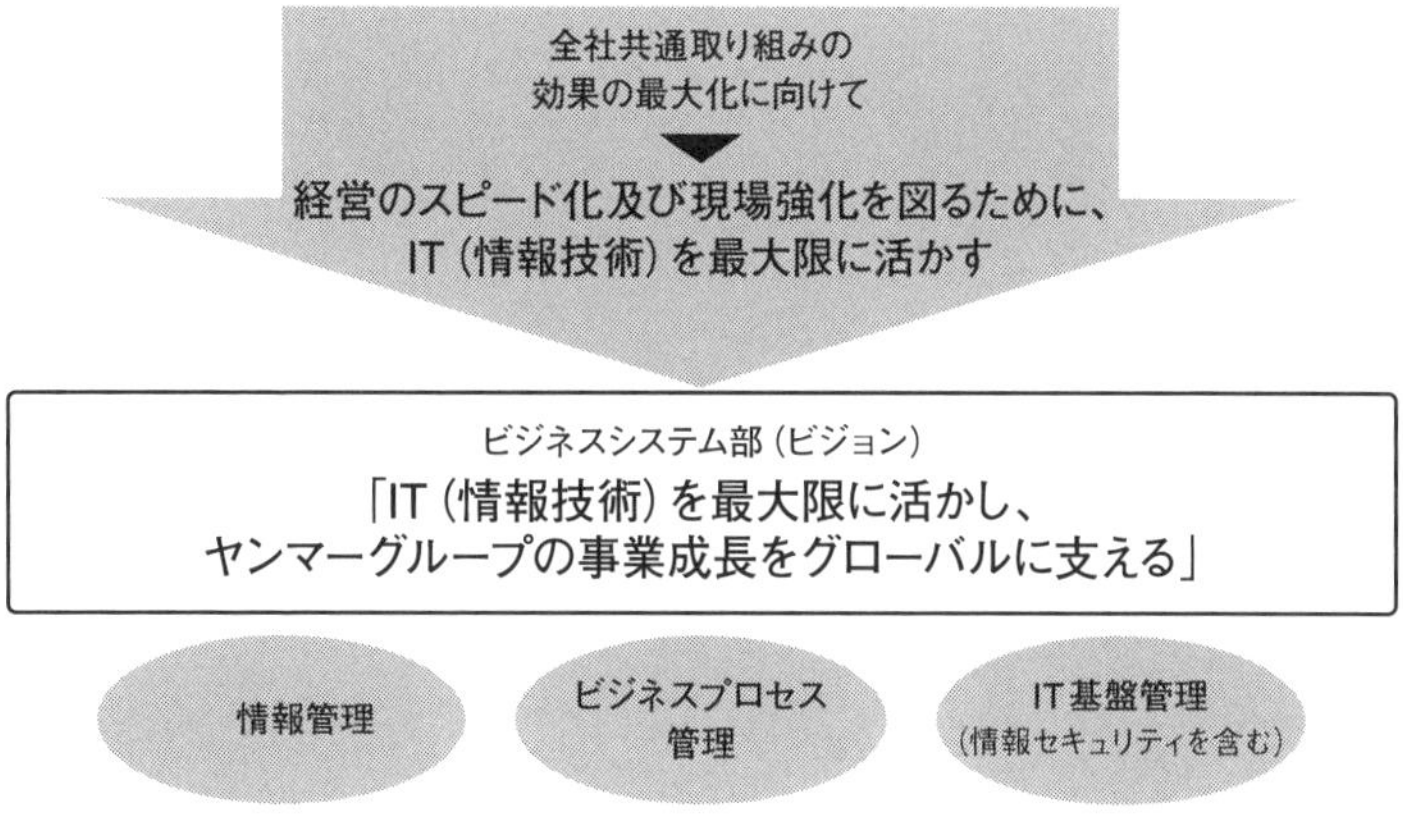

全社共通取り組みの
効果の最大化に向けて
経営のスピード化及び現場強化を図るために、
IT（情報技術）を最大限に活かす
ビジネスシステム部（ビジョン）
「IT（情報技術）を最大限に活かし、
ヤンマーグループの事業成長をグローバルに支える」
情報管理
ビジネスプロセス
管理
IT基盤管理
（情報セキュリティを含む）

©YANMAR CO., LTD.

図4

ヤンマーグループ　中期IT戦略（経営及びIT課題）

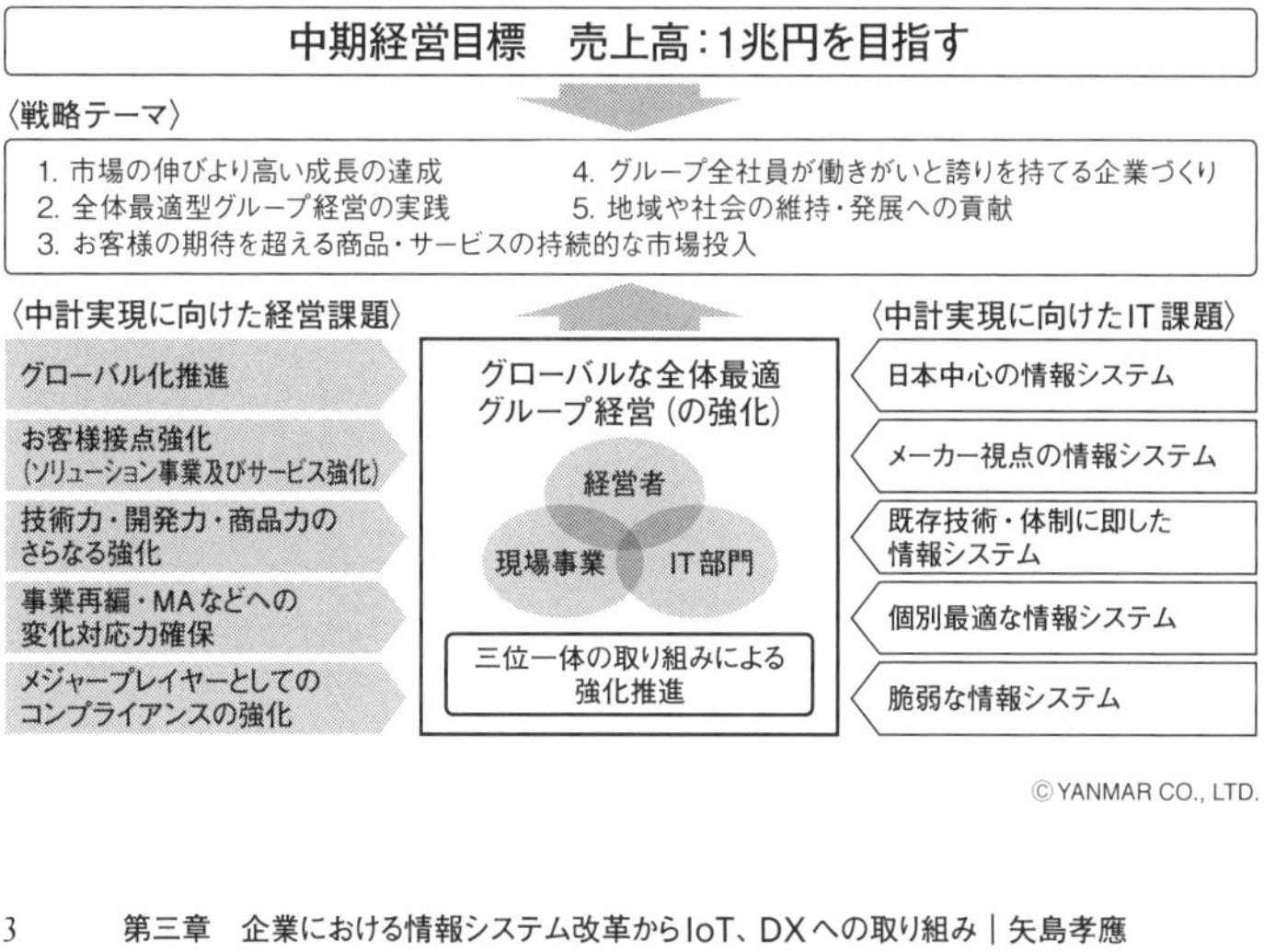

中期経営目標　売上高：1兆円を目指す
〈戦略テーマ〉
1. 市場の伸びより高い成長の達成
2. 全体最適型グループ経営の実践
3. お客様の期待を超える商品・サービスの持続的な市場投入
4. グループ全社員が働きがいと誇りを持てる企業づくり
5. 地域や社会の維持・発展への貢献
〈中計実現に向けた経営課題〉
グローバル化推進
お客様接点強化
（ソリューション事業及びサービス強化）
技術力・開発力・商品力の
さらなる強化
事業再編・MAなどへの
変化対応力確保
メジャープレイヤーとしての
コンプライアンスの強化
グローバルな全体最適
グループ経営（の強化）
経営者
現場事業
IT部門
三位一体の取り組みによる
強化推進
〈中計実現に向けたIT課題〉
日本中心の情報システム
メーカー視点の情報システム
既存技術・体制に即した
情報システム
個別最適な情報システム
脆弱な情報システム

©YANMAR CO., LTD.

1. グローバル化推進

当時四〇%だった海外売上比率を六〇%にまで引き上げたいというのが、会社の目標でした。

2. お客様接点強化

それまでヤンマーの社員は自社をBtoBの会社だと思い込んでいました。しかし、自社が提供する機械を使うのは誰かを考えたら、お客様の目を意識するのが当たり前です。そこで、「BtoBtoMtoC」という言葉をつくりました。「M」とはmachine（機械）のことです。machineの情報を我々がちゃんと把握していれば、お客様が何を求めているかもわかるはずなのです。

3. 技術力・開発力・商品力のさらなる強化

入社して初めてわかったことですが、ヤンマーは技術力も開発力も商品力もたいへん優れています。ただ、それを外に向けてアピールできておらず、そこはぜひ改めたいと思いました。それから、すべて日本国内で行っていた開発をグローバル体制に改めました。さらに、機械燃焼系だけでなく、電気制御やソフトウエアも強化することにしました。

4．事業再編・M&Aなどへの変化対応力確保

年間売上六〇〇〇億円を一兆円にするには、M&Aが不可欠です。二年間で二七社のM&Aを行いました。そうなると、今度は経営の変化対応力がより重要になってきます。

5．メジャープレーヤーとしてのコンプライアンスの強化

当社は非上場企業ですが、年間売上が一兆円を超えるようになったら、それに伴う社会的責任を負わなければなりません。そこで「コンプライアンスの強化」も経営課題のひとつとしました。

これらの経営課題を解決するためには、経営と連携したIT投資の取り組みが欠かせないのはいうまでもありません。ただし、IT投資について、多くの経営者は次のような疑問を抱くようです。

・IT投資をしなければならないのはわかるが、どれくらい投資したらいいのか
・IT投資を行って本当に成果があるのか

・「ＩｏＴ」「Ｍ２Ｍ」「デジタル化」「クラウド」……新聞を読むとＩＴ関連のいろいろな言葉が目につくが、どれから始めたらいいのか
・コンサルティング会社や自社のＩＴ部門から「グループ経営を行うには、システムを統合すべし」といわれるが、それは本当に必要なのか
・ＩＴ部門を社内に持っていなければならない理由はあるのか
・ＩＴ部門の担当者に経営や事業がわかるのか
・ＩＴ投資を進めたら新規ビジネスが生まれるのか。それを誰にやらせればいいのか

一方、企業のＩＴ部門も、経営者や事業部門に対して、次のような不満を持っています。

・「ＩＴは重要だ」と口にしているが、ＩＴ部門のことは重要だと思っていない
・投資を求めると「成果を見せろ」といわれる。成果が出ると経営や事業部の手柄にされ、出ないときはＩＴ部門の責任にされる
・中途半端な知識をふりかざして「当社は○○ができていない」と不満を口にするが、実は経営者自身も何をしたいかわかっていない
・ＩＴを導入しさえすれば、社内の仕組みや体制が勝手に変わると思い込んでいる
・経営情報や市場情報に関するシステムの構築を求められるが、どんな情報がほしいのか具体

的に示してくれない
・「新規事業を考えろ」といわれるが、それは本当にIT部門の仕事なのか

ヤンマーの情報化戦略の考え方

ヤンマーの情報化戦略を「ヒト」「モノ」「カネ」それぞれの面から解説していきます。

1．カネの面

ヤンマーグループの中期IT戦略では、情報システム費用を売上高比一・三％にしました。ちなみに製造業の平均は一・二～一・八％といわれています。また、中村社長時代のパナソニックでは積極的に投資し、一・八％でした。

それから、ヤンマーではもともと「ドンと投資をしたら、しばらくは投資をしない」というちぐはぐなことをやっていたので、過去からの累積償却額とその年の投資額のバランスをとるようにしました。これは七年続けてきて、ほぼ合ったかたちになっています。

戦略投資へのシフトも行いました。ITの維持コストと新規コストの比率が、従来は八三：一七だったのを、新規の比重を大きくして六〇：四〇にすると宣言したのです。ただし、運用費

は黙っていても毎年膨らんでいきます。そこで、グループ内のＩＴ会社であるヤンマー情報システムの社長に、同じ仕事のコストは毎年一〇％下げるようお願いしました。たいへんだったと思いますが、なんとか七年連続一〇％以上下げてくれたおかげで、現在はほぼ六〇：四〇を実現できています。

もうひとつ行ったのが、受益者負担の明確化です。それまで本社が持っていたお金をすべて事業部に割り振りました。お金を本社が持っていたら、誰もコスト削減をしようという気になりません。だから販管費や商品原価に入れるべきなのです。

2. ヒトの面

事業課題を掌握するため、七つある事業体の経営会議や企画会議に、ＩＴ部門の部課長職を出席させるようにしました。

3. モノの面

コーポレート（システム）審議会を設置し、役員やキーメンバーに入ってもらうようにしました。

図5

三位一体での施策と推進方法の考え方

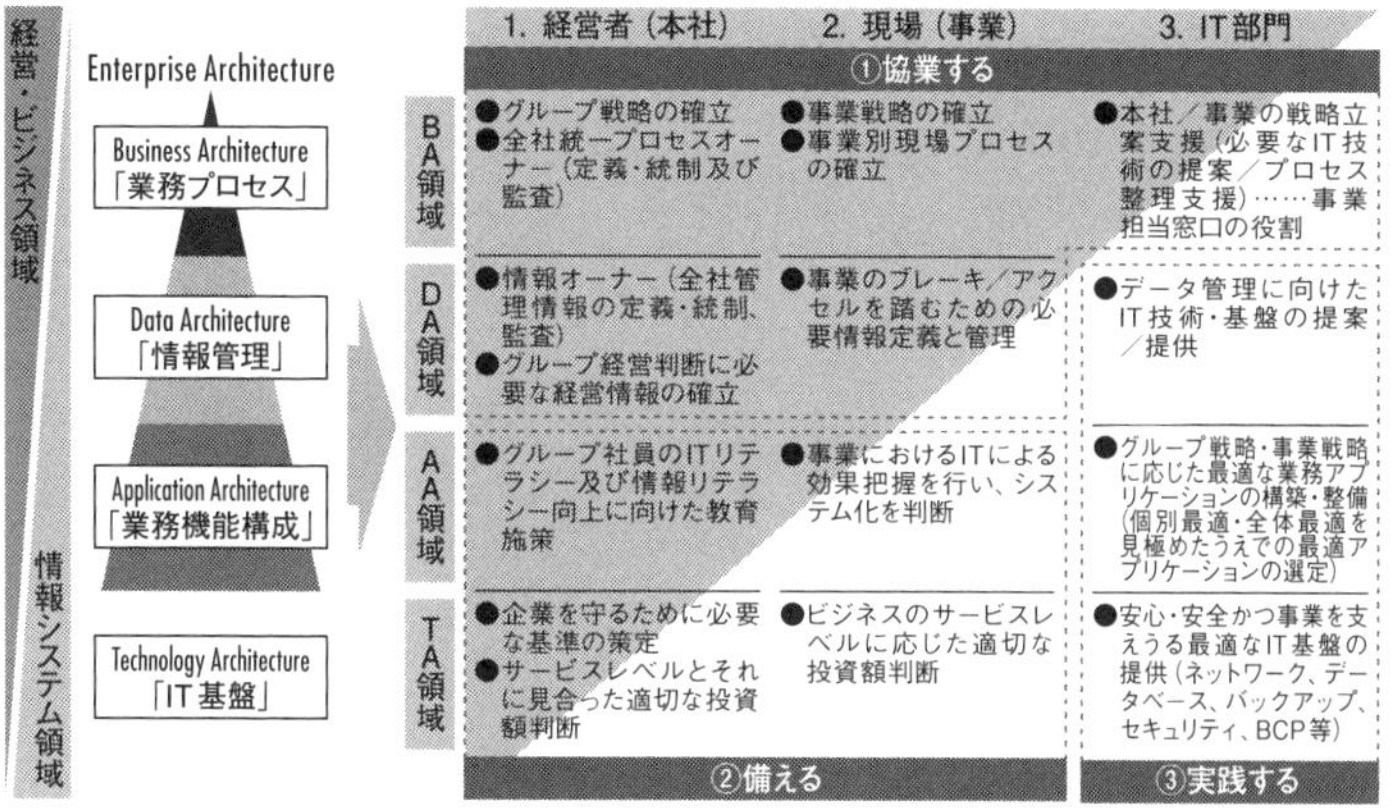
経営・ビジネス領域
情報システム領域
Enterprise Architecture
Business Architecture
「業務プロセス」
Data Architecture
「情報管理」
Application Architecture
「業務機能構成」
Technology Architecture
「IT基盤」
1. 経営者（本社）
2. 現場（事業）
3. IT部門
①協業する
BA領域
●グループ戦略の確立
●全社統一プロセスオーナー（定義・統制及び監査）
●事業戦略の確立
●事業別現場プロセスの確立
●本社／事業の戦略立案支援（必要なIT技術の提案／プロセス整理支援）……事業担当窓口の役割
DA領域
●情報オーナー（全社管理情報の定義・統制、監査）
●グループ経営判断に必要な経営情報の確立
●事業のブレーキ／アクセルを踏むための必要情報定義と管理
●データ管理に向けたIT技術・基盤の提案／提供
AA領域
●グループ社員のITリテラシー及び情報リテラシー向上に向けた教育施策
●事業におけるITによる効果把握を行い、システム化を判断
●グループ戦略・事業戦略に応じた最適な業務アプリケーションの構築・整備（個別最適・全体最適を見極めたうえでの最適アプリケーションの選定）
TA領域
●企業を守るために必要な基準の策定
●サービスレベルとそれに見合った適切な投資額判断
●ビジネスのサービスレベルに応じた適切な投資額判断
●安心・安全かつ事業を支えうる最適なIT基盤の提供（ネットワーク、データベース、バックアップ、セキュリティ、BCP等）
②備える
③実践する

© YANMAR CO., LTD.

プロセスドリブンに加え、データドリブンを考慮したＩＴ化の取り組み

図5左の三角形の図は、二〇〇〇年ごろにＩＢＭが提唱した「Enterprise Architecture」という考え方に基づいてつくりました。

上から「Business Architecture（業務プロセス）」「Data Architecture（情報管理）」「Application Architecture（業務機能構成）」「Technology Architecture（ＩＴ基盤）」の四層になっていて、上にいくほど経営・ビジネス領域の、下にいくほど情報システム領域の色が強くなっていきます。

たとえば、「Business Architecture（業務プロセス）」においては、経営者はグループ

図6

統一すべきプロセス及びデータの定義

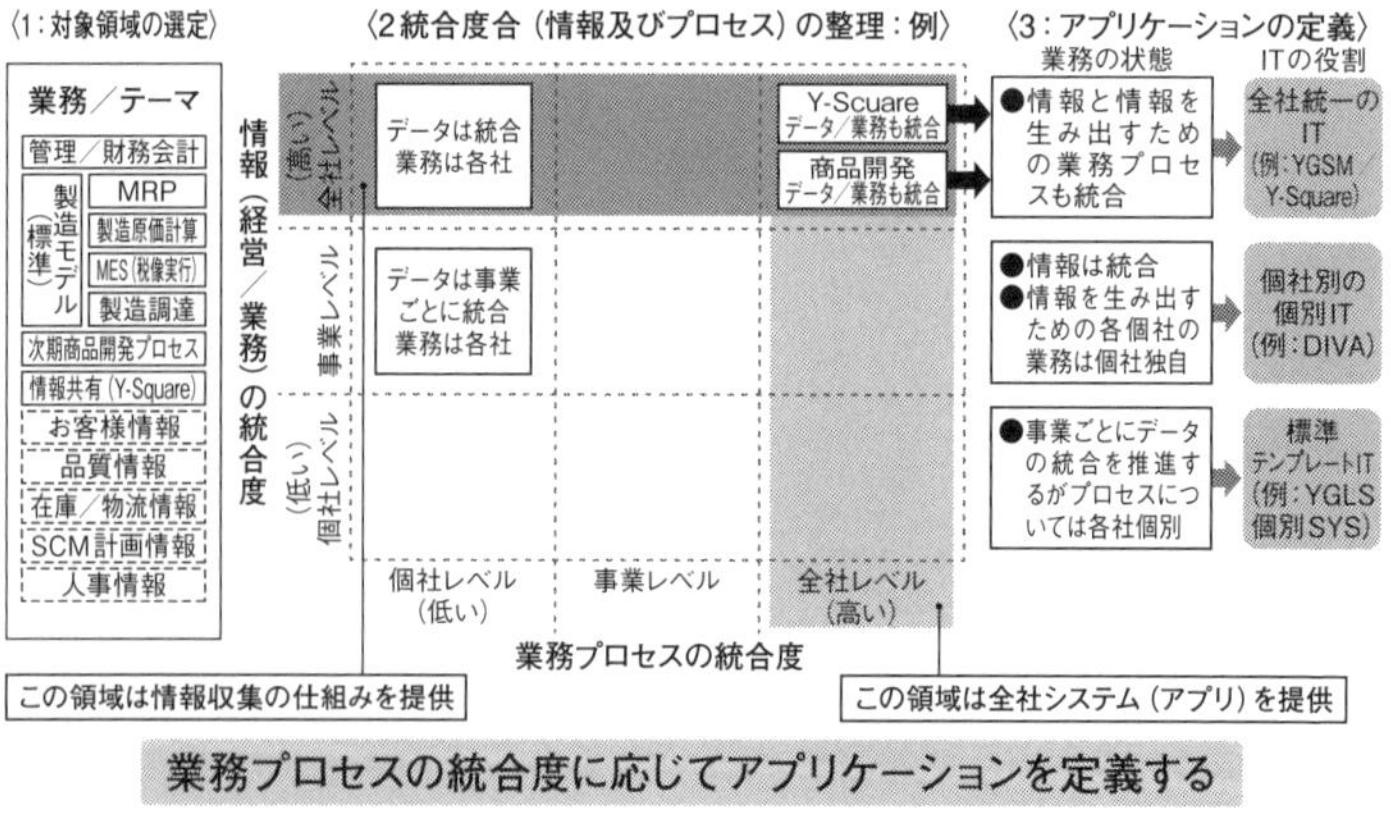
〈1：対象領域の選定〉
〈2統合度合（情報及びプロセス）の整理：例〉
〈3：アプリケーションの定義〉
業務の状態
ITの役割
業務／テーマ
管理／財務会計
製造モデル（標準）
MRP
製造原価計算
MES（税像実行）
製造調達
次期商品開発プロセス
情報共有（Y-Square）
お客様情報
品質情報
在庫／物流情報
SCM計画情報
人事情報
情報（経営／業務）の統合度
全社レベル（高い）
事業レベル
個社レベル（低い）
データは統合
業務は各社
Y-Scuare
データ／業務も統合
商品開発
データ／業務も統合
データは事業ごとに統合
業務は各社
個社レベル（低い）
事業レベル
全社レベル（高い）
業務プロセスの統合度
●情報と情報を生み出すための業務プロセスも統合
全社統一のIT（例：YGSM／Y-Square）
●情報は統合
●情報を生み出すための各個社の業務は個社独自
個社別の個別IT（例：DIVA）
●事業ごとにデータの統合を推進するがプロセスについては各社個別
標準テンプレートIT（例：YGLS個別SYS）
この領域は情報収集の仕組みを提供
この領域は全社システム（アプリ）を提供
業務プロセスの統合度に応じてアプリケーションを定義する

戦略をまず確立します。そしてヤンマーグループにおいて絶対に守らなければならないものを決めます。逆にいえば、それ以外については、各事業体や地域本部長、海外法人の社長が決めていいということです。

統一すべきプロセス及びデータの定義

前述した業務プロセスの統合度に応じて、アプリケーションを定義する必要があります（図6）。

情報及びプロセスの統合度合いの整理には、縦軸を「情報（経営／業務）の統合度」、横軸を「業務プロセスの統合度」とするマトリックスが有効です。

たとえば、パナソニックの連結決算は、

右端の最上段になります。アメリカで上場していたので、決算のプロセスを求められたら、本社はアメリカの会計基準に沿ったものを提示しなければならないからです。

ところが、ヤンマーは非上場なので、毎月の経営は本部が管理しますが、決算はその国のやり方で行ってもらうほうが何かと都合がよく、それゆえ左端の最上段になります。

ヤンマーでマトリックスの右上に来なければならないのは、コミュニケーションのソフトウエアです。そのため、それまで「Notes」や「G Suite」などバラバラだったものを「Office 365」に統一しました。今では全社員が、世界中の社員の予定や資料を見られるようになっています。テレビ会議がすぐにできるのも、そのおかげです。

それから、ヤンマーは技術の会社ですから、CAD、部品表、PDM（Product Data Management）など商品開発に関するものも全部合わせる必要があると判断し、全部右に置きました。

グループ本社の機能部門の果たすべき役割

ヤンマーグループの意思決定機関となっているのが、グループ戦略会議です。このグループ戦略会議の役割は三つあります（次ページ図7）。

一つ目は、総務、経理、人事、ITといったグループのすべての事業のヒト、モノ、カネ、人員コスト、品質などを把握しておくこと。

図7

グループ本社の機能部門の果たすべき役割

●グループ戦略会議で機能部門の3つの役割を承認
●グループのすべての事業（含国内外事業会社）において、グループ最適を達成しつつ、担当する機能の各事業での貢献（機能サポートの提供）を実現させる

役割	期待
役割① グループのすべての事業における担当機能の状況を把握する（監査・牽引）	●担当機能の業務の遂行の人員・コスト、品質などの現状を把握している ●課題を把握し、経営・事業と共有している ●課題解決を適時提案する
役割② 仕組みやガイドラインを策定し運用する（全体最適・プロセスオーナー）	●業務の標準化を進めて、グループ全体の業務効率化や業務品質の向上、スピードアップを図る ●グループが協力して取り組む必要がある活動の推進
役割③ 事業展開に必要な機能の充実・リソースの確保を行う（センター・オブ・エクセレンス）	●リソース、仕組み、専門知識の提供を通じて事業成長を支援する（事業のビジネスパートナー） ●機能戦略の策定と推進

二つ目は、業務の標準化を進め、業務効率化、業務品質の向上、グループ全体の業務効率化、業務品質の向上、スピードアップを図ること。

三つ目は、各事業体や各国から相談を受けたとき、センター・オブ・エクセレンス（特定分野に集中して高度な研究・開発活動を行い、人材及び産業の創出・育成の中核となる組織やグループ）として、最高の専門知識と機能で対応できるようになっているということ。

なぜこのようなことが必要かというと、全社として行うべきことを決めておかないと、各事業の責任者が、勝手にものごとを進めてしまうからです。だから、まず全社で行うべきこと、次は各事業体と各国で共通化すべきことを固めておきます。そうしたら、あとは各会社の社長が好きなように

やってもらえばいいとしたのです。七年かけて、ようやくこの体制が機能するようになりました。

お客様のお役に立つＩＴ施策の推進

私が手がけたのは、もともとヤンマーディーゼル、ヤンマー農機、ヤンマー建機など、グループ各社でバラバラだったシステムを、ひとつのヤンマーグループにして標準化の仕組みをつくり、ロックをかけたということです。

二〇二〇年四月からはこれをもう一度、事業主体の会社に変えるため、大幅な組織再編を予定しています。スモール本社にして、システムでもロックをかけ、それ以外の部分は各事業体の責任者が、文字どおり自己責任で動ける体制にするということです。

ということで、ここから先はお客様に対するソリューションについて話していきます。

「グローバル化推進」「お客様接点とサービス強化」「技術力・開発力・商品力のさらなる強化」「事業再編・Ｍ＆Ａなどへの変化対応力確保」「メジャープレーヤーとしてのコンプライアンスの強化」などの経営課題を解決するには、ＩＴの活用と推進が必須なのはいうまでもありません。

そこで、ＩＴを推進するための主なテーマを明確にしました。

1. 技術情報の管理と活用

すべてのデータを三次元に統一しました。ただ、そのままだと三次元データはものすごく重いので、取り扱いが不便です。そこで、メールで送れて「エクセル」や「パワーポイント」でも簡単に扱えるよう、軽くする仕組みも併せてつくりました。

2. お客様接点の強化

これを実現するため、それまでばらばらだったウェブを集約して全世界共通にしました。これによってＢtoＢの広告賞をいただいています。

3. リモートサポートセンター

当社の機械にＳＩＭカードを搭載し、そこから一分に一回、データが大阪・梅田のリモートサポートセンターに送られるようにしました。これによって二四時間、機械を見守ることができるようになったのです。

4. グローバル情報の共有とグローバルな働き方改革

お客様と日々接するのは営業やサービスの担当者ですが、知識やノウハウを持っているのは会社の中で働いている人たちです。だから、これまではお客様のところでわからないことが発生すると、営業やサービスはそれを会社に持ち帰って、確認してから回答していました。これではどうしても時間がかかってしまいます。そこで、営業やサービス担当者にタブレット端末を支給し、現場とバックオフィスとの間で連絡が直接とれるようにしました。お客様に瞬時に価値を提供できる仕組みを構築したのです。

デジタル化時代におけるIT部門の役割

従来のＩＴ化は、効率化や省力化によって変動費や固定費を下げ、社内コストを減らすことを目的とする「守りのＩＴ投資」が中心でした。しかし、これからは売上をつくる「攻めのＩＴ投資」に変わっていくのです（次ページ図8）。

ただし、攻めのＩＴ化だけでは誰もついてきてくれません。従来のコスト削減とも両立することが、デジタル時代のＩＴ部門の役割だといえます。

図8

デジタル化時代におけるIT部門の役割

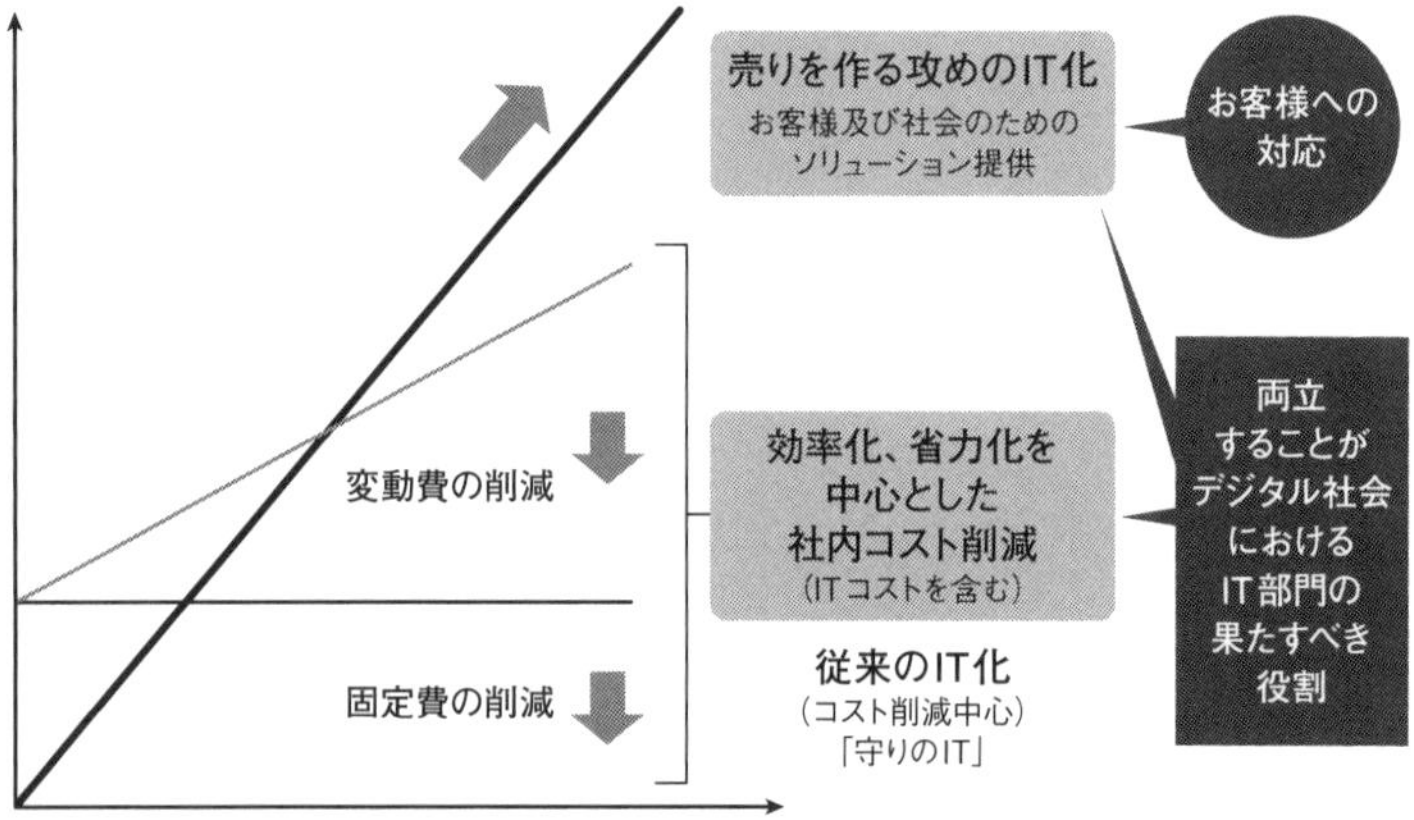

売りを作る攻めのIT化
お客様及び社会のための
ソリューション提供
お客様への
対応
変動費の削減
効率化、省力化を
中心とした
社内コスト削減
（ITコストを含む）
固定費の削減
従来のIT化
（コスト削減中心）
「守りのIT」
両立
することが
デジタル社会
における
IT部門の
果たすべき
役割

©YANMAR CO., LTD.

次世代テクノロジーを利用したお客様への新しい価値提供

先ほど申し上げた「BtoBtoMtoC」を始めてから、これまで見えていなかったことが、どんどんはっきり見えてきました。

たとえば、タイやベトナムからは「機械の故障が多い」というクレームが以前から非常に多かったのです。でも、原因がよくわかりませんでした。それが、ITによるお客様との接点強化に力を入れ始めたら、疑問が氷解したのです。

タイやベトナムでは二毛作、三毛作が当たり前です。とくにベトナムでは、刈取り機が年中稼働しっぱなしで、しかも非常に広範囲で使用されています。これでは故障が多くなるのも仕方ないといえますが、そうした具体的な要因が現地からも的確にレポートされていませんでした。

結局、私たちはテクノロジーのことはわかっていても、お客様のニーズはつかめていなかったのだといえます。

私自身、もっと現場のことを知ろうと思い、二年前にタイのバンコクから五〇〇キロメートルほど離れたウドーンターニーというところに四日間ほど滞在し、お客様を回ったことがありました。

驚いたのは、ＬＩＮＥの普及率の高さです。誰もがスマートフォンを所持し、ＬＩＮＥで頻繁にやりとりをしていました。だから、私の行く先々にもすぐ人が集まってきます。「日本からヤンマーの社員が来ている」という情報が、すぐにＬＩＮＥで回るのです。

こういうことがわかると、新しい発想も生まれてきます。これまでは、お客様から「機械の調子が悪い」という連絡が入ると、地元のサービス拠点から片道二時間かけて現地まで行っていました。故障といっても、なかにはボタンをひとつ押せばすぐに直るようなものもあります。そういう場合でも往復四時間を費やさなければならなかったのです。

しかし、現地の人々がみなＬＩＮＥを使っていることがわかれば、その場で故障の状況がわかる写真や動画を撮って送ってもらえば対処できますし、複雑な故障の場合は日本の技術部に転送し、技術者の回答や指示を自動翻訳機能でタイ語にして伝えることもできます。そうすれば、お客様を無駄に待たせることもなくなるわけです。

このように、現場のことがわかっていて、なおかつＩＴの知識があれば、「これもできる、あんなことも考えられる」と発想が広がります。

したがって、これからのＣＩＯ（最高情報責任者）やＣＴＯ（最高技術責任者）は、本社ビルの中にだけいてはいけないのです。

ＩｏＴ／Ｍ２Ｍによるお客様支援内容の変化

会社が小規模のときは、研究開発も調達も生産も販売も数人で行うので、全体を把握することは容易です。ところが、会社の規模が大きくなってくると、各部署が自分のところの業務だけを一生懸命行うようになるため、どうしても全体が見えなくなってきます。

そこで、企業の各部門のプロセスと情報を連携し、最適なＳＣＭ（サプライチェーンマネジメント）を構築することが必要になってくるのです。

そして、今後はＩｏＴ（モノのインターネット）／Ｍ２Ｍ（Machine-to-Machine の略。人が介在することなく、機械同士が相互に情報をやりとりすること）によるお客様の支援が重要になってきます（図9）。

農業をやっているお客様であれば、土づくりから始まって、「育苗→田植え→除草→刈取り→

図9

IoT／M2Mによる変化（グループ内SCM→お客様支援）

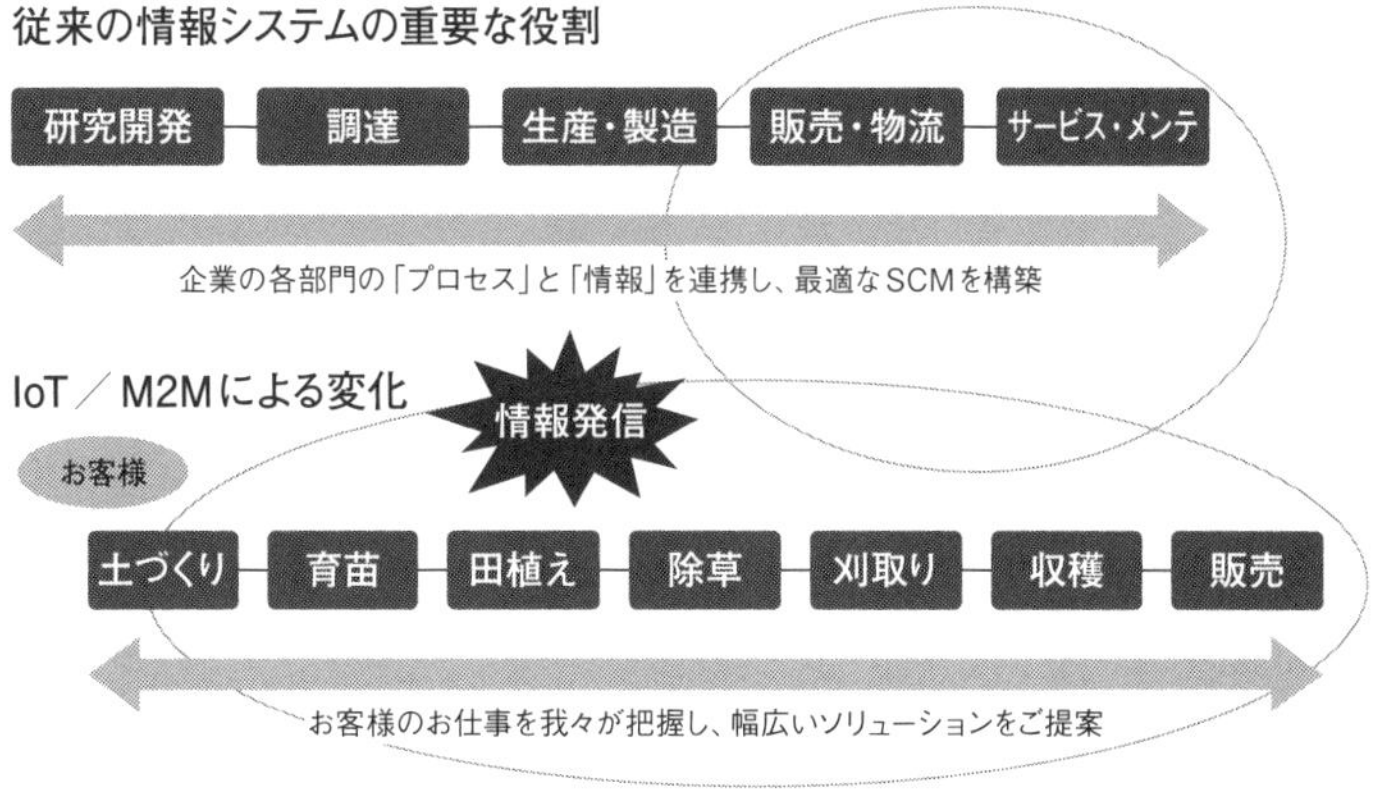
従来の情報システムの重要な役割
研究開発
調達
生産・製造
販売・物流
サービス・メンテ
企業の各部門の「プロセス」と「情報」を連携し、最適なSCMを構築
IoT／M2Mによる変化
情報発信
お客様
土づくり
育苗
田植え
除草
刈取り
収穫
販売
お客様のお仕事を我々が把握し、幅広いソリューションをご提案

©YANMAR CO., LTD.

収穫→販売」というチェーンがあります。
私たちの機械を使っていただいているお客様は、その機械から得られる情報によって、一日、一週間、一カ月どういう作業をしているのかが見えるようになりました。

しかしながら、私たちの手に入るのはヤンマーの機械を使っていただいているお客様からのデータだけですから、すべての農家が見えるわけではありません。

そこでこれから始めなければならないのが、いろいろな企業と手を組んでクラウドエコシステムをつくり、お互いに連携してお客様をサポートしていくということです。

そこで問われるのが、「誰がプラットフォーマーになるのか」です。

農林水産省が二年前につくったＷＡＧＲＩ（ワグリ、農業データ連携基盤）というプラットフォームがありますが、「お客様の側に立って、責任をもって運営する」という観点からいえば、十分とはいえません。

どんなプラットフォームをつくるかは、今後の課題でもあります。

高品質・高収穫量サポート

圃場《ほじょう》の状況を数値で把握し、収量や品質を安定・向上させたいという農家の課題を解決するため、当社はドローンを使って生育診断などを行う会社をコニカミノルタと合弁で設立しました。ドローンを飛ばして、いろいろな光線を当てることによって、どの場所の稲の発育がいいか悪いかがわかります。また、それによって水やりのタイミングや肥料の撒《ま》き方を変えることで、収穫量を増やすことができます。

ところが、農家にデータだけを提示して「これであなたのところの収穫量は三割上がりますから、これだけ料金をください」といっても、まず払っていただけません。仕方がないので、当面は赤字覚悟で肥料の撒き代だけいただいています。「最初に投資が必要になる」というのが、デジタルトランスフォーメーション（以下、ＤＸ）の難しいところです。

それから、「規模を拡大したいが人手が足りない」「異常気象に左右されずスムーズな作業をしたい」という農家の課題解決に向けて、自動走行トラクターを開発しました。具体的には、

GPSを搭載した無人のロボットトラクターと、有人の随伴トラクターの二台で作業を行うシステムです。これによって一気に二倍の作業が可能になりました。このロボットトラクターは、第七回ロボット大賞（農林水産大臣賞）を受賞しています。

こうした取り組みが評価され、ヤンマーは企業情報化協会が制定する表彰制度「IT賞」において、二〇一八年度最高賞となる「IT総合賞」を受賞しました。また、二〇一九年には、アジア太平洋地域向けのITビジネス誌「APAC CIO Outlook Magazine」のカンパニー・オブ・ザ・イヤーにも選ばれています。

二〇一三年に私が入社したとき、ヤンマーはITに関しては非常に遅れていました。それが、アジア太平洋地域でトップのIT先進企業として認められたのです。本音をいえば、まだ早いような気もしますが、社員も「賞に恥じないよう、がんばろう」という気になるので、そういう意味でもありがたい受賞だといえます。

経営理念を理解せずにDXを行っても意味なし

私が最初に就職した松下電器では、入社後すぐに創業者である松下幸之助氏の経営理念を徹底的に叩き込まれました。

「企業は事業を通じて社会生活の向上と人々の幸せに貢献していく社会的責任がある」

「企業の繁栄を決めてくれるのは世の中」

「お客様のためになるものをつくれ」

「感謝の心」

そういう大切なことを松下電器では入社時だけでなく、課長、部長、役員に上がるときにも繰り返し教育されます。

現在、かつての私の部下が七人もいろいろな企業のＣＩＯに就いていて、きちんと成果を挙げているのは、いずれも松下氏の経営理念が染み込んでいるからだといっていいかもしれません。

ヤンマーに入社したとき、初代社長である山岡孫吉氏の創業者精神を学びました。すると、松下氏と同じように、「ヤンマーとは何のための会社だ」ということをちゃんと語っているではありませんか。ところが、その思いが社員には十分に伝わっていませんでした。

そこで、創業者の思いを「開拓者精神と燃料報国」というかたちにまとめ、さらにそれをヤンマーの企業理念として、ブランド部門とともに掲げたのです。

結局、社員が自分たちはこういう企業だとわかっていて、なおかつそれをお客様に対しても伝えるということができていない状態で、いくら「ＤＸ」を唱えても成功しないと私は思います。

次の一〇〇年のために

二〇五〇年には世界の人口が現在の六九億人から一・四倍の九六億人になるという予測があります。同様にエネルギー需要は一・八倍、食糧と水の需要は一・四倍になるといわれています。しかし、現在のままでは、これらの需要を満たすだけの供給はありません。

では、日本はどうかというと、現在の人口約一・二億人が三分の二の約〇・八億人に減ると試算されています。それなら日本は食糧不足にならないのではないかと思うかもしれませんが、そうではないのです。日本の場合、労働力人口減少のペースが人口全体の減少ペースよりも急激であるため、供給が間に合わなくなります。輸入しようにも、海外も食糧が足りないのですから、これも無理です。結局、生産性を上げないかぎり、私たちは生きていけなくなるのです。

そこで、私たちは、世界初のディーゼルエンジンを完成させ、実用化した創業者の精神に、今こそ立ち戻らなければなりません。ＩＴを使って食糧やエネルギー生産に従事している人たちの生産性を高めて、供給を増やす手助けをするのです。

食の恵みで、新しい豊かさへ

ヤンマーでは食糧生産のサポートにとどまらず、二〇一九年から最高の米や野菜などの食材を提供する「Premium Marché OSAKA」を週末限定で一般開放しています。それから、東京でも八重洲の東京支社ビルを建て替えている間、「THE FARM TOKYO」というビアテラス＆ベーカリーカフェをオープンし、好評を得ました。そのほかにも「ライスジュレ」というお米由来の新しい食材や、国産ブランドにんにくの「やぶ医者にんにく」、生牡蠣《なまがき》本来の美味しさが味わえると評判の「くにさきOYSTER」、沢の鶴と共同開発した「沢の鶴 X02」なども手がけています。

テクノロジーで、お客様の生涯価値と、自社の企業価値を同時に向上させる

DXに取り組むにあたり欠かせないのが、「お客様の生涯価値をどうやって高めていくか」という視点です。そのためには、シーズからお客様の問題解決に向けた仮説を立案し、検証しなければなりません。

同時に、ヤンマーの企業価値向上も考えるべきであり、それにはニーズを起点としてソリューションを支えるデジタル技術を適用することになります。

DXは、常にこの二つの側面を満たしながら進めるのが基本です。

IT技術者不足への対応が急務

経済産業省は、「DXが進まないと業務効率が悪化し、競争力が低下する。その結果、デジタ

ルによる変革を進めた国や企業に勝てなくなって、二〇二五年以降に最大で年間一二兆円の経済損失が発生する」と警鐘を鳴らしています。これがいわゆる「二〇二五年の崖」問題です。

このような現実を踏まえ、私たちがやらなければならない三つの施策をまとめました。

①SoR（System of Record　従来の業務システム）とSoE（データを起点とした新たなシステム）を両立させる体制への変革

②各事業・各部門におけるITリテラシーを強化し、現場社員が自らIT化を進められる取り組みの強化（全社員SE化）

③前記二つの施策を進めるうえで必要な、強固なITガバナンス／マネジメントの確立

【まとめ】経営課題とIT対応

経営として対応すべき課題の中に、「IT及びデジタルを活用して対処可能な課題」があります（次ページ図10）。具体的にはプロセスドリブンによる業務効率化と、データドリブンによる経営支援判断で対応できる部分です。それから、経営方針や企業理念ドリブンでやっていけるIT技術を活用した新規ビジネス開発もそうです。

さらに、「IT及びデジタルを活用して対処可能な課題」の内側には、「現状のIT部門で対

図10

【まとめ】経営課題とIT対応

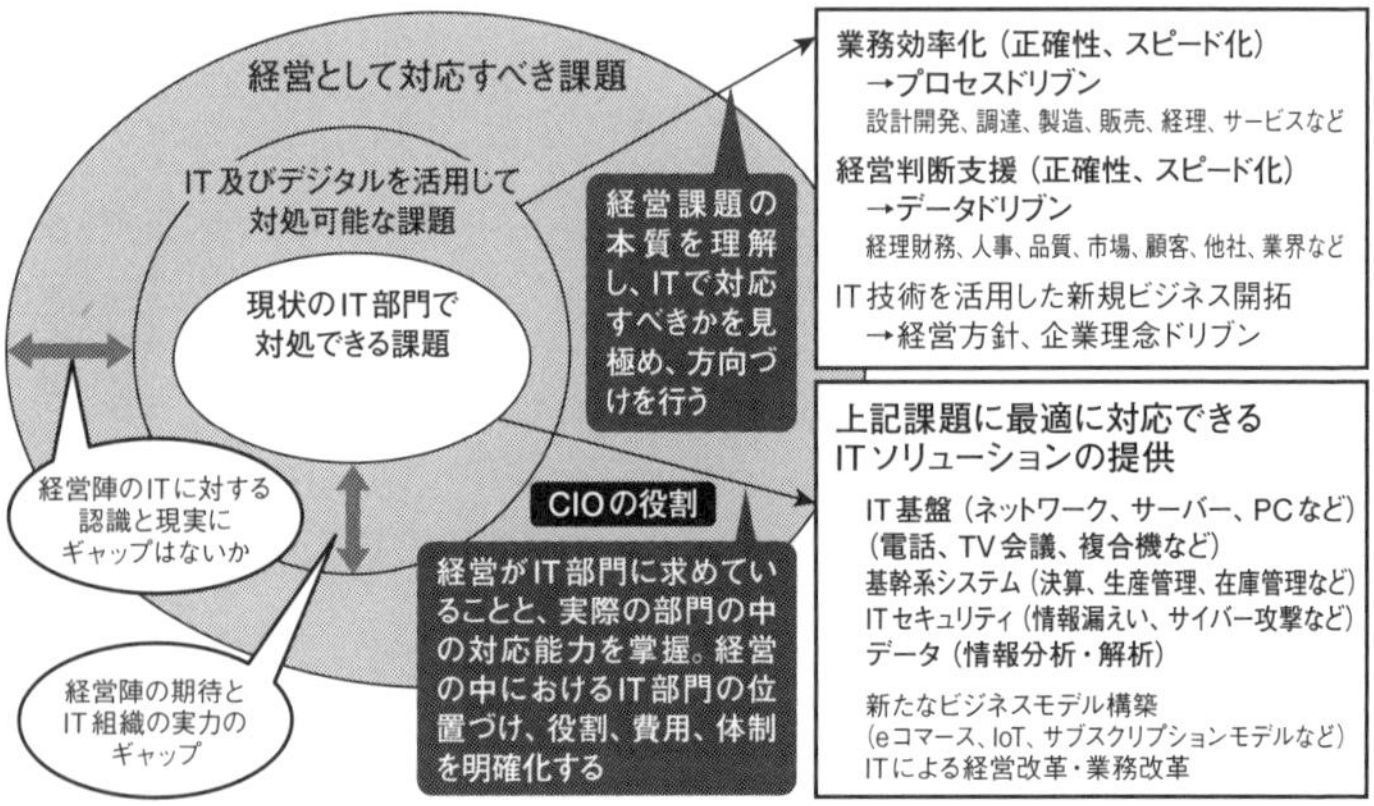

経営として対応すべき課題
IT及びデジタルを活用して対処可能な課題
現状のIT部門で対処できる課題
経営陣のITに対する認識と現実にギャップはないか
経営陣の期待とIT組織の実力のギャップ
経営課題の本質を理解し、ITで対応すべきかを見極め、方向づけを行う
CIOの役割
経営がIT部門に求めていることと、実際の部門の中の対応能力を掌握。経営の中におけるIT部門の位置づけ、役割、費用、体制を明確化する
業務効率化（正確性、スピード化）
→プロセスドリブン
設計開発、調達、製造、販売、経理、サービスなど
経営判断支援（正確性、スピード化）
→データドリブン
経理財務、人事、品質、市場、顧客、他社、業界など
IT技術を活用した新規ビジネス開拓
→経営方針、企業理念ドリブン
上記課題に最適に対応できるITソリューションの提供
IT基盤（ネットワーク、サーバー、PCなど）
（電話、TV会議、複合機など）
基幹系システム（決算、生産管理、在庫管理など）
ITセキュリティ（情報漏えい、サイバー攻撃など）
データ（情報分析・解析）
新たなビジネスモデル構築
（eコマース、IoT、サブスクリプションモデルなど）
ITによる経営改革・業務改革

処できる課題」があります。現在あるIT基盤やデータなどで課題に対応できる部分です。

　しかし、何でもITで対処できるわけではありません。自社のITに関する現実を正確に認識し、自社のITでどこまでカバーできるかを見極めるのがCIOの役割だといえます。

さらなる社会への貢献

二〇一九年四月から、私は特定非営利活動法人CIO Loungeの活動を始めました。

　これは現役のCIOなどから無料でITコンサルティングを受けられるサービスで、私が理事長を務めています。メンバーは全部で二〇人弱。ITベンダーのOBや元I

T部長もいますが、多いのは現役のCIOやシステム部長です。

私たちの経験やノウハウを提供することで、日本の企業に元気になってもらいたいというのが設立の動機で、まったくの手弁当でやっています。

【質疑応答】

Q1　ITで保守やメンテナンスの部分を伸ばしていくということだが、実際どれくらい儲かるのか。

矢島　お金をいただきにくい分野であるのは確かです。補修パーツカバー率はまだ三割程度にすぎません。ただ、刈取り機であれば一年間で使うのは二週間程度なのに、かなりの金額がします。それなのに「故障して一週間動きません」ではお客様も納得できないでしょう。だから、ヤンマーに対する信頼感を上げるためにも力を入れていきたいと思っています。まずは現在三割のカバー率を向上させ、お客様の作業を止めないのが当面の目標です。

Q2　「B to B to M to C」に関して、エンドカスタマーの情報はディーラー任せか、それともヤンマーが収集しているのか。

矢島　海外は基本的にディーラーです。ただ、今後はＳＩＭを通して機械の稼働時間やら何やらが全部わかる仕組みを当社がつくり、それをディーラーに無料で使っていただくことを考えています。それで、ディーラーに「ヤンマーの機械だったら、こんなに簡単にサポートできるのか」と思っていただければ、機械を販売する際もヤンマー製を薦めてもらえるではないですか。それに、そうして信頼関係を築いていけば、ディーラーもお客様の情報を出してくれるようになります。大事なのはWin-Winというわけです。

Q3　ヤンマーが思い描く未来の農業の姿は、人手のいらない完全自動化ということか。

矢島　たとえば田植え機なら、機械に稲を乗せる作業はこれからも人間がやらなければならないでしょう。ただ、子どもが父親の農業を引き継ぐとき、機械が父親のやり方を記憶していて、ボタンひとつで父親と同じ作業ができるといった自動化は可能です。また、車は公道を走りますが、農業は私有地なので規制の影響が少ないため、車より進化は速いと思います。

Q4　社会貢献は、ヤンマーの社員の仕事の原動力になっているのか。

矢島　社会貢献は企業の使命ですから、「こんな貢献をしている」といった事例は、昼食時にスクリーンで流したりしています。もちろん、一〇〇人が一〇〇人とも、「自分も世の中の役に立ちたい」と思うかといったら、そんなことはないでしょう。でも、社員のマインドセットを変えるには、いい続けていくしかないのです。

（二〇二〇年二月二九日「ＡＴＡＭＩ　せかいえ」にて収録）

第四章

継続利用率99.5%、5年で3万社が登録した「SmartHR」事業

宮田昇始

PROFILE

宮田昇始

Shoji Miyata

株式会社SmartHR　代表取締役CEO
1984年生まれ。大学卒業後、IT企業でWebディレクターとして勤務。2013年、株式会社KUFU（現SmartHR）を創業。2015年に自身の闘病生活をもとにしたクラウド人事労務ソフト「SmartHR」を公開。登録企業数は公開後5年で3万社を突破。2019年にはシリーズCラウンドで海外投資家などから62億円の資金調達。

日本はクラウド〝抵抗国〟

当社は、クラウド人事労務ソフト「SmartHR」を提供している会社です。まず初めに、簡単なクイズを行います。

Q1　クラウドサービス（SaaS）を利用している企業は、利用していない企業と比較して、労働生産性が約何%高いか。

（正解）三〇%（出所：BOXIL「SaaS市場規模・トレンド徹底解説！　SaaS業界レポート2018」）

Q2　アメリカの二〇〇〇名以上の大企業一社あたりが利用しているクラウドサービス（SaaS）の数は？

（正解）一二〇個（出所：Okta「Businesses @Work 2019」）

さて、日本はというと、インドネシア、アルゼンチンと並んで、アメリカから七年以上遅れているクラウド〝抵抗国〟で、実は中国、韓国、ロシアよりも下です。

また、日本ではいまだにファックスがビジネスの重要な通信手段として使われています。しかし、アメリカではとっくにメールが主流になっており、ファックスは過去の遺物としてスミソニアン博物館に展示されています。

そこで、私たちは考えました、これだけ遅れているということは、日本にはそれだけＳａａＳ（ソフトウエアをパッケージではなくインターネット経由で利用する形態）導入の余地が大きいのではないか、と。

そう思って「SmartHR」のサービスを始めてみたところ、初めて導入するＳａａＳが「SmartHR」という企業がものすごく多いことがわかりました。

それに、「SmartHR」がカバーできるのは、雇用契約、社会保険、年末調整など、業種や従業員規模を問わず、どの企業も必ず行っている業務ばかりです。

というわけで、当社は『「SmartHR」が日本のＳａａＳをけん引するのだ』という意気込みで、日々ビジネスに取り組んでいます。

「SmartHR」の現時点での普及度

「SmartHR」は、すでに三万社以上でご利用いただいています。当初はメルカリさんやサイバーエージェントさんのようなＩＴ企業がメインのお客様でしたが、近年は小売りや飲食チェーン、宿泊業、鉄道会社、テレビ局、証券会社、病院、学校など、業種は多岐にわたっています。中には「すき家」のゼンショーさんのように、従業員数が一二万人くらいの会社もあります。

二〇一五年に「SmartHR」のサービスを始めた当時、競合するサービスはひとつもありませんでした。その後、当社のあとを追いかけるように、類似のサービスがいくつも登場しましたが、サービス開始から五年を経過した現在も、当社はクラウド人事労務ソフトのシェアで二位に二倍以上の差をつけて（出所：「ＨＲＴｅｃｈクラウド市場の実態と展望 2019年度 労務管理クラウド部門」ミック経済研究所）、トップを独走しています。

とりわけ私たちのいちばんの強みは、「九九・五％」という高い継続利用率です。これは解約率にするとわずか〇・五％です。一般的にＳａａＳの世界では、解約率が二％を切っているとすごいといわれますので、〇・五％がいかに低い数字であるかがおわかりになると思います。

ちなみに、解約率が二％の場合、平均利用期間は約五〇カ月（約四年）です。これが〇・五％になると、一六年という計算になります。平均で一六年もの間お客様に使い続けていただける製品を提供していることを、私は誇りに思っています。

もっとも、日本の労働力人口約六〇〇〇万人に対し、「SmartHR」を利用している企業の従業員数の合計は約五〇万人と、普及率はまだ〇・八％にすぎません。これをどのようにして残りの九九・二％に広げていくかが、今後の課題です。

図1

「働き方改革」が解決しなくてはならない３つの課題

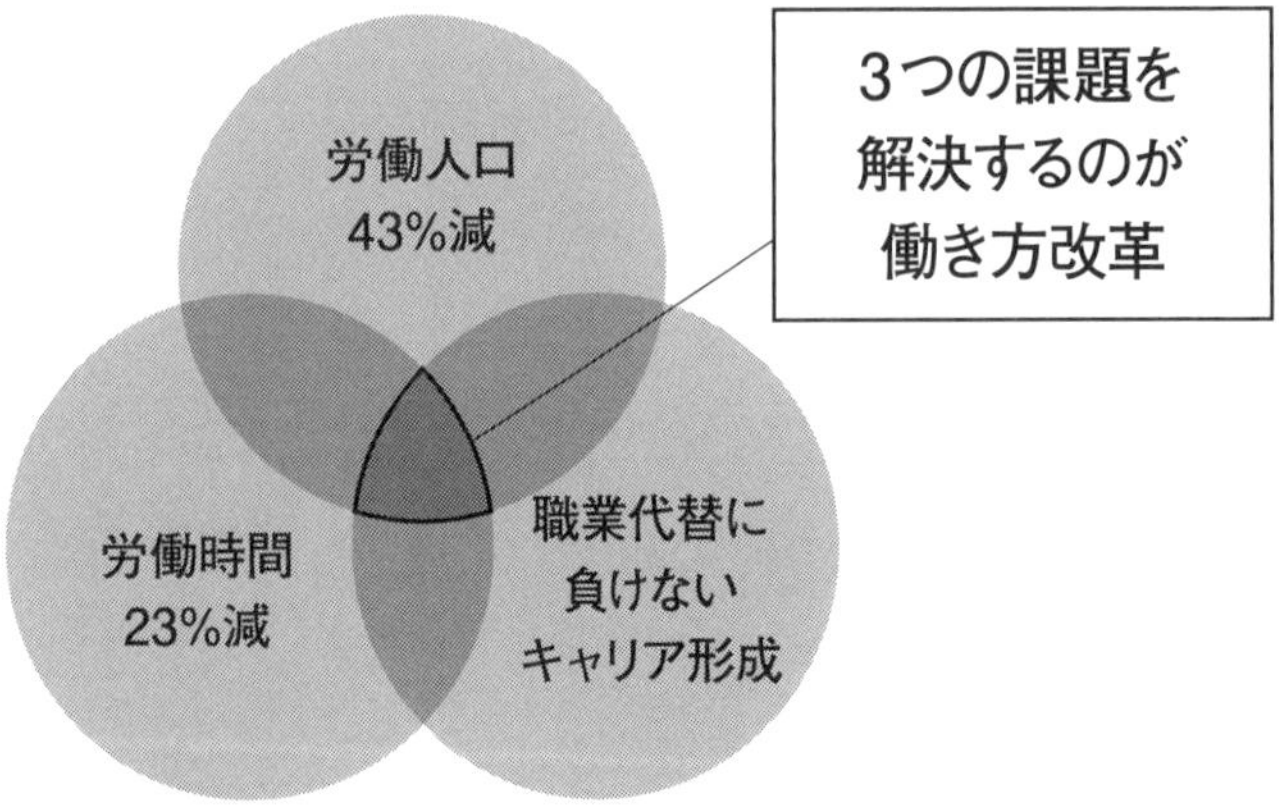
3つの課題を
解決するのが
働き方改革
労働人口
43%減
労働時間
23%減
職業代替に
負けない
キャリア形成

©SmartHR, Inc.

生産性向上には、まず何が必要か？

日本のサービス産業の労働生産性は、アメリカと比べると単純比較で三〇～四〇％、サービスの質を考慮したとしても約五〇％といわれています（出所：「質を調整した日米サービス産業の労働生産性水準比較」公益財団法人日本生産性本部）。

それをなんとかしようと、今、政府主導で働き方改革を行っていますが、実はこれが決して容易ではありません。

日本はこれから五〇年間で、労働力人口が四三％減少します。それから、労働時間を二三％減らさなければなりません。さらに、ＡＩ（人工知能）やロボット化などで職を失う人たちのキャリア形成をする必要もあります（図1）。

これら、いずれも難度の高い三つの課題を同時に解決するのが、働き方改革の本質なのです。

働き方改革　労働時間二三%減

初めに、労働時間の削減から考えていきましょう。これまでテキパキ働いていたAさんが、生産性が上がったことにより定時で帰れるようになったら、それまで発生していた残業代がなくなり、報酬が下がることになります。

これに対し、ダラダラ働くBさんは、会社から「生産性を上げろ」といわれてもなかなか上げられません。すると変わらず残業代が発生するため、受け取る報酬がAさんよりも高くなってしまいます。従来の日本企業の評価制度では、このような状況が発生することが珍しくありません（次ページ図2）。

「だったら人事制度を見直せばいい」といっても、評価制度、報酬制度、賃金制度などは、そう簡単に変更できるものではありません。

二〇一九年四月一日、「働き方改革関連法」の施行で、七〇年ぶりに労働基準法の大改正が行われました。これによって企業が取り組むべき働き方改革の項目と実施時期、対象となる企業は、図のとおりです（149ページ図3、4）。

図2

従来の日本の評価制度で起こっていること

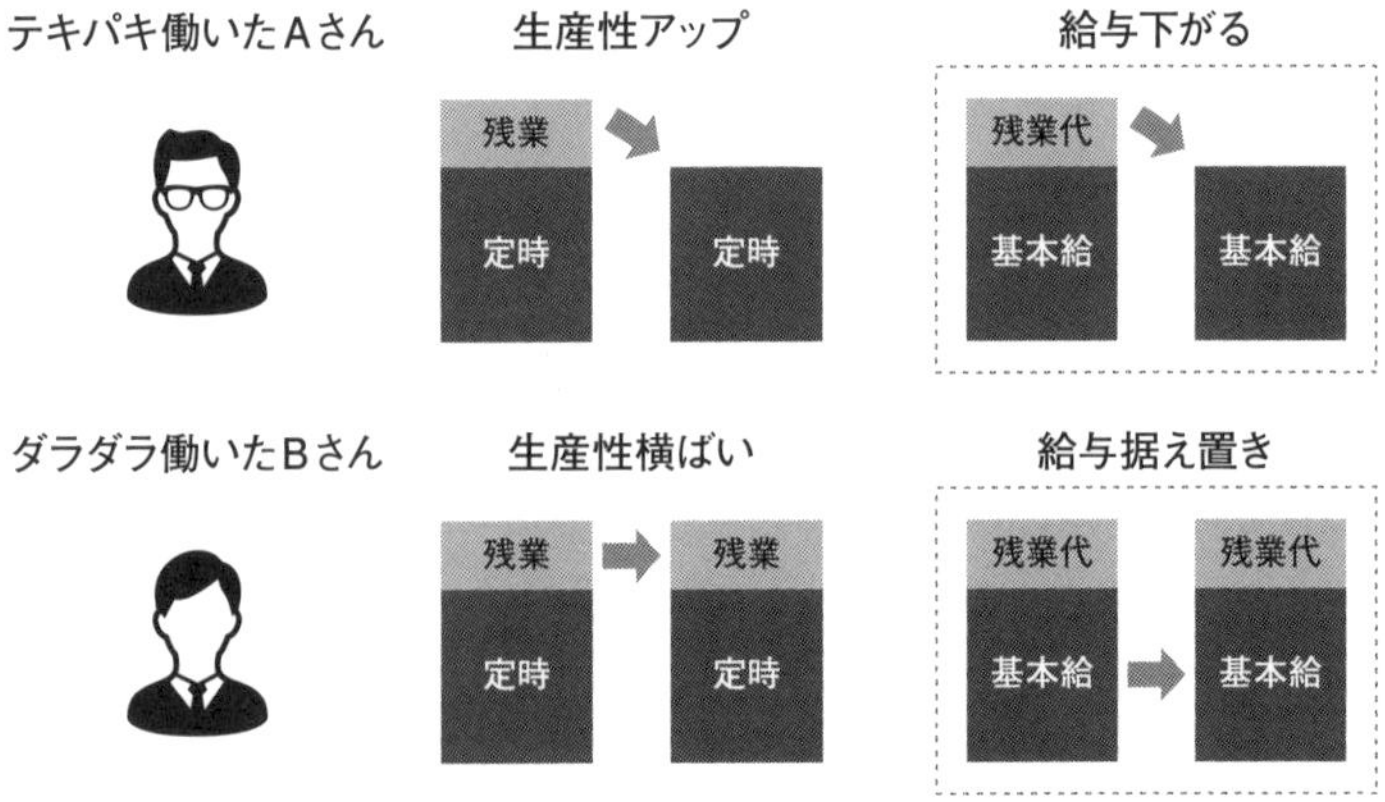
テキパキ働いたAさん
生産性アップ
給与下がる
残業
定時
定時
残業代
基本給
基本給
ダラダラ働いたBさん
生産性横ばい
給与据え置き
残業
残業
定時
定時
残業代
残業代
基本給
基本給

©SmartHR, Inc.

では、社内でこの働き方改革を実際に担当するのは誰なのかというと、多くの企業の場合、人事労務の担当者となります。しかし、彼らにそのような余裕があるのでしょうか。

人事労務の仕事を挙げてみると、主なものだけでも、採用、研修・教育、労務、評価、勤怠管理、人事企画、社会保険、給与計算、年末調整と非常に多岐にわたります。また、これらの業務を三つ以上兼務している人が全体の半分以上を占め、六つ以上という人も三一%いるのです（出所：「人事の『理想の働き方・キャリア』徹底解剖！人事白書2014」人事のミカタ）。

このようにやるべきことがたくさんあれば、当然残業時間も増えていきます。業種によっては、人事労務担当者で三〇時間以

図3

「働き方改革関連法」の適用時期

No	働き方改革の項目	実施時期
1	残業時間の「罰則付き上限規制」	【大企業】2019年4月〜 【中小企業】2020年4月〜
2	5日間の「有給休暇取得」の義務化	【全企業】2019年4月〜
3	「勤務間インターバル制度」の努力義務	【全企業】2019年4月〜
4	「割増賃金率」の中小企業猶予措置廃止	【大企業】適用済み 【中小企業】2023年4月〜
5	「産業医」の機能を強化 （事業主の労働時間把握義務含む）	【全企業】2019年4月〜
6	「同一労働・同一賃金の原則」の適用	【大企業】2020年4月〜 【中小企業】2021年4月〜
7	「高度プロフェッショナル制度」の創設	【全企業】2019年4月〜
8	「3カ月のフレックスタイム制」が可能に	【全企業】2019年4月〜

図4

「働き方改革関連法」における「中小企業」の定義

<table>
<tr><th colspan="2">資本金の額または出資金の総額</th><th rowspan="5">または</th><th colspan="2">常時使用する労働者数</th></tr>
<tr><td>小売業</td><td rowspan="2">5,000万円以下</td><td>小売業</td><td>50人以下</td></tr>
<tr><td>サービス業</td><td>サービス業</td><td rowspan="2">100人以下</td></tr>
<tr><td>卸売業</td><td>1億円以下</td><td>卸売業</td></tr>
<tr><td>それ以外</td><td>3億円以下</td><td>それ以外</td><td>300人以下</td></tr>
</table>

※個人事業主や医療法人など資本金や出資金の概念がない場合は、労働者数のみで判断

上残業しているケースは五〇%もあるようです（出所：右に同じ）。

このような状態ですから、おそらくどの企業の人事労務担当者も、「働き方改革の第一歩は、人事労務の改革から」と思っているに違いありません。

人事労務の仕事で効率化できるところとは

そこで、人事労務の仕事で効率化できるのはどこなのかについて、考えてみましょう。

採用、研修・教育、評価、人事企画は、人が時間をかけて行うべき業務です。一方、勤怠管理と給与計算は、ソフトウエアによって、すでにある程度効率化が進んでいるといえます。そして、残る「労務（雇用契約、人事情報管理など）」「社会保険・雇用保険」「年末調整」の三つは効率化が可能にもかかわらず、まだ実現できていません（図5）。

そこで、私たちは「労務」「社会保険」「年末調整」を効率化するサービス「SmartHR」を開発したのです。

1. 労務（雇用契約、人事情報管理など）

「SmartHR」には、オンラインで雇用契約を結べる機能があります。

図5

人事労務の仕事における効率化の度合

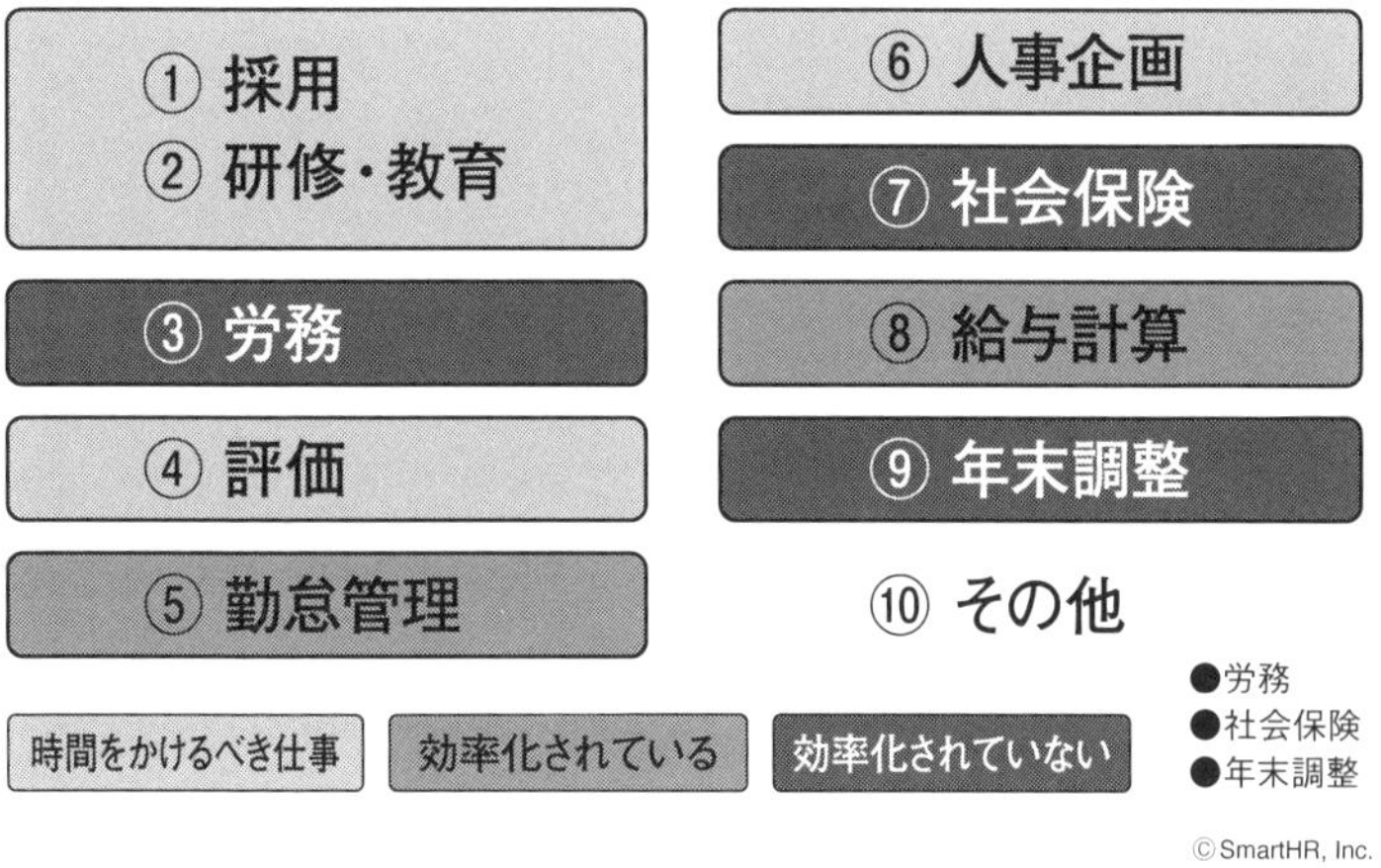
① 採用
② 研修・教育
③ 労務
④ 評価
⑤ 勤怠管理
⑥ 人事企画
⑦ 社会保険
⑧ 給与計算
⑨ 年末調整
⑩ その他
●労務
●社会保険
●年末調整
時間をかけるべき仕事
効率化されている
効率化されていない
©SmartHR, Inc.

大手企業の場合、毎月の入社数が一〇〇名単位ということも珍しくはありません。その一人ひとりに対し、ワードやエクセルで雇用契約書を作成するとなると、膨大な仕事量となります。

それが「SmartHR」なら、従業員データから雇用契約書を自動作成できてしまうのです。雇用契約書のひな型も、ワードで作成したものをそのままドラッグ・アンド・ドロップで「SmartHR」に取り込めます。

これを従業員に送り、中身を確認してもらい、問題がなければ署名欄に名前を入力して、「合意する」というボタンをクリックしてもらえば、それで雇用契約は完了です。なお、従業員が契約書を開封したかどうかも、オンラインで確認できます。

北海道でドラッグストアを展開している

当社のお客様は、以前は一〇〇〇名を超える従業員の雇用契約の更新作業を三カ月に一度行っており、新しい契約書を集めるのに一カ月かかっていました。それが「SmartHR」を導入してからは、わずか二日ですむようになったということです。

この機能は、二〇一八年八月に公開しましたが、当初はあまり便利とはいえませんでした。なぜなら、当時は雇用契約の締結自体はオンラインでかまわないものの、「労働条件の通知書は必ず書面で渡さなければならない」という法律の定めがあったからです。

その後、私たちが国に働きかけたこともあって法律が改正され、二〇一九年四月から労働条件の通知もオンラインでできるようになりました。

これに関しては、「労働者が電子通知を希望すること」「電子メール等による通知を行うこと」「通知を書面で出力可能であること」といった要件があるのですが、「SmartHR」はこういったものにもすべて対応しているので、今ではより便利な機能としてご利用いただいています。

2. 社会保険・雇用保険

会社員が入社したり離職したりするとき、あるいは産休や育休をとるとき、社会保険や雇用保険関係の手続きをしなければなりません。これらの業務を非効率化しているのが、大量の紙の存在です。

たとえば、従業員をひとり雇うとき、社会保険や雇用保険、場合によっては健康保険組合の書類を人事部の社員が手書きで作成し、役所に届けます。労力も時間もかかりますが、これまでソリューションがありませんでした。

そこでつくったサービスが「SmartHR」です。クラウド型のソフトウエアで、パソコンやスマートフォンを使って入力できるので、紙は必要ありません。

雇用される人は、入社前に自分のスマートフォンから名前、住所、扶養家族の情報などを入力して送信すると、それが「SmartHR」のクラウドの中に人事データとしてストックされます。人事部はそのデータを使って入社手続きを行えるのです。

これなら、手書きで転記する際に生じるミスもなくなります。運転免許証のような個人情報をファクスで送る際に、送信先を間違えて別のところに送ってしまうというような情報漏えいの心配もありません。また、ウェブから申請できるので、書類提出のための移動時間や交通費・郵送費も削減できます。さらに、資本金一億円以上の会社を対象に、二〇二〇年四月から電子申請義務化が始まりました。

3．年末調整

毎年一〇月から一二月は、他の業務ができなくなるといわれているくらい、人事部にとって年末調整は大変な作業です。何がそんなに大変なのか。従業員数が二〇〇〇名で、全国に一〇〇店舗ある飲食チェーンを例に説明しましょう。

年末調整は従業員が各自三～四枚の書類に自分で必要事項を書き込む方法が一般的です。したがって、人事部では、社員ひとり四枚×二〇〇〇名で合計八〇〇〇枚の書類を印刷しなければなりません。このほかに書き方のマニュアルも必要ですから、全部で一万枚です。

次に、段ボール箱を一〇〇個用意して、それに書類を詰めて各店舗に郵送します。各店舗の従業員は書類が手元に届いたら、マニュアルを見ながら各自で記入しますが、情報がわかりにくい部分もたくさんあります。店長に質問しても、店長が年末調整について詳しいわけでもないため、結局本社の人事部に問い合わせることになります。その受け答えに、人事部はものすごく時間をとられてしまいます。

各店舗から記入済みの書類が人事部に戻ってきても、まだそこで終わりではありません。書類をチェックすると、毎年半分以上の人がどこかしら記入を間違えているそうです。すると、本人に連絡をとって確認し、人事部で修正をするという新たな仕事が発生します。このように、年末調整は人事部にとって負荷の非常に大きいイベントとなっているのです。

しかし、「SmartHR」を使えば、従業員が自分のスマートフォンで、質問に答えていくだけです。添付が必要な健康保険証（被保険者証）などもスマートフォンのカメラで撮って添付できるので、人事部の仕事は格段に楽になります。

それから、最近は外国人人材も増えていますが、彼らが日本人と同じように年末調整の書類の記入を行うのは至難の業です。そこで、「SmartHR」では、五言語（英語、中国語簡体字、中国語繁体字、韓国語、ベトナム語）に対応しています。

オンラインで人事情報管理を可能に

「SmartHR」では、従業員の入退社、通勤経路の変更、給与振込口座の変更といった人事情報の管理もできます。また、法的な手続きが必要なものは連動させています。

写真つきの社員名簿としても使え、項目のカスタマイズも簡単にできます。名簿は経営者用、正社員用、店長用というように、用途に応じたものをすぐに作成可能です。元のデータはひとつなので、異動があったり、結婚で名字が変わったりした場合も、元のデータを修正すれば、連動したすべてのデータが最新情報に自動的に更新されます。

もともと会社で使っていた給与計算や勤怠管理などのサービスとのデータのやりとりも簡単です。そのほかＣＳＶ、ＪＰＥＧ、ＰＮＧ形式のデータも取り込めます。

さらに、「SmartHR」は、いろいろなクラウドサービスのハブとしても使用可能です。また、今後はＬＩＮＥとの連携も予定しています。

それから、とくに高齢者の多い会社では、スマートフォンや携帯電話を持っていない従業員が一定数いる場合があります。そうなると、せっかくデジタル化したのに紙のワークフローも残さなければならないということになって、よけいに大変になりかねません。

そこで、店舗管理者向けのiPadアプリも用意しています。これだとATMを操作するような感覚で、iPadで自分の給与明細を見たり、年末調整を行ったりできるのです。

そのほかにも「SmartHR」には、給与明細や源泉徴収票の配付、「雇用契約書」「秘密保持誓約書」などの文書配付のほか、外国人雇用状況届出書といった帳票作成、セキュリティのための監査ログ、マルチログインといった機能もあります。

企業が抱える人事データ活用の課題

このように、人事労務に関する諸々の手続きを「SmartHR」で行うと、その中にデータがどんどん蓄積されていきます。このデータを何に使いたいか、いろいろな企業の人事部にヒアリングしてみたところ、いちばん多かった回答は「退職予測をしたい」というものでした。

日本ではこれから労働力人口が半減し、その結果として発生するのが、人材の奪い合いです。とくに外食業界や小売り業界では、アルバイトやパートタイマーの確保が難しくなるのは必至だといえます。そうなると、新たに人を確保するよりも、退職者を少なくするほうに力を入れたほうがよいということになり、それが「退職予測をしたい」という声につながっているのです。

そこで、次に「雇用形態別や年代別で、現在の離職率がわかりますか」という質問をすると、いちばん多かった返事が「今はわからないけど、調べればわかります」というものでした。

では、それを調べるのにどれくらい時間がかかるかといったら、だいたい一週間です。

世界有数のリサーチ&アドバイザリー企業であるガートナーによれば、データ分析は次の四つのステップに分類できるとしています。

①何が起こっているか
②なぜ起こったか
③これから何が起こるか
④何をするべきか

これを人事部にあてはめると、次のようになります。

①現在の離職率（部署、職種、地域）はどうなっているか
②退職の理由は何か
③これからの退職予測はどうなるか
④私たちは何をすればいいか

この中で人事部の関心が高いのが③と④です。しかし、現実には①と②がきちんと把握されていないため、その先に進めていないといえます。

実は、可視化とクロス集計だけで、人事系の分析課題の七〜八割は解決できるといわれているのです。ところが、ほとんどの会社ではこれができていません。

よくあるのが、「評価はこのクラウド、給与はこのシステム」というように、データがいろいろなところに分散されているケースです。しかも、更新がきちんとなされていないため、どれが最新でどれが正しいかがとっさにわかりません。したがって、経営陣から「こういうデータを出せ」と命じられると、そのたびに複数のエクセルのデータを突き合わせて集計しなければならず、集計工数は毎回かなりの量になってしまうのです。

この問題を解決するには、専門のＢＩ（ビジネス・インテリジェンス）ツールを導入するという手がありますが、月額数百万円かかったり、専門のエンジニアを入れなければならなかったりするため、ハードルはかなり高いといえます。

実は、先進企業も事情はまったく同じなのです。日本最大のＨＲネットワークをもつ『日本の人事部』が主催するイベント「ＨＲカンファレンス２０１９」で、サイバーエージェントさんの人事担当の方も、これを課題に挙げていました。また、ヤフーさんの伊藤羊一氏は、データがバラバラ、ぐちゃぐちゃ、まちまちである状態を「人事データ三大疾病」と定義し、同社内のPeople Analytics Labで二年間かけてデータの整理をしたといいます。

「SmartHR」の解決策

「SmartHR」を使えば、人事データを「どこよりも正確」で「常に最新」にしておけます。

それだけではなく、当社は、二〇一九年夏に「SmartHR」に溜まったデータから簡単に人事レポートを作成できる新しいサービス「ラクラク分析レポート」の提供を始めました。

これを使うと、①月別の入退社数、在籍人数、離職率、②雇用形態別の平均年齢、平均勤続年数、平均給与、③部署(店舗ごと)の人件費、残業時間、年次有給休暇の取得日数、をすぐにグラフで表示できます。

では、肝心の退職予測はどうでしょうか。

図6の二つのグラフから、F店舗では正社員の残業時間を減らせば他のメンバーの残業時間も減り、結果として店舗全体の離職率が下がるという予想が立てられます。

先ほども申し上げたように、「可視化」と「クロス集計」で人事系の分析課題の七〇～八〇%を解決できます。その手助けをするのが「SmartHR」の「ラクラク分析レポート」です。

図6

退職予測

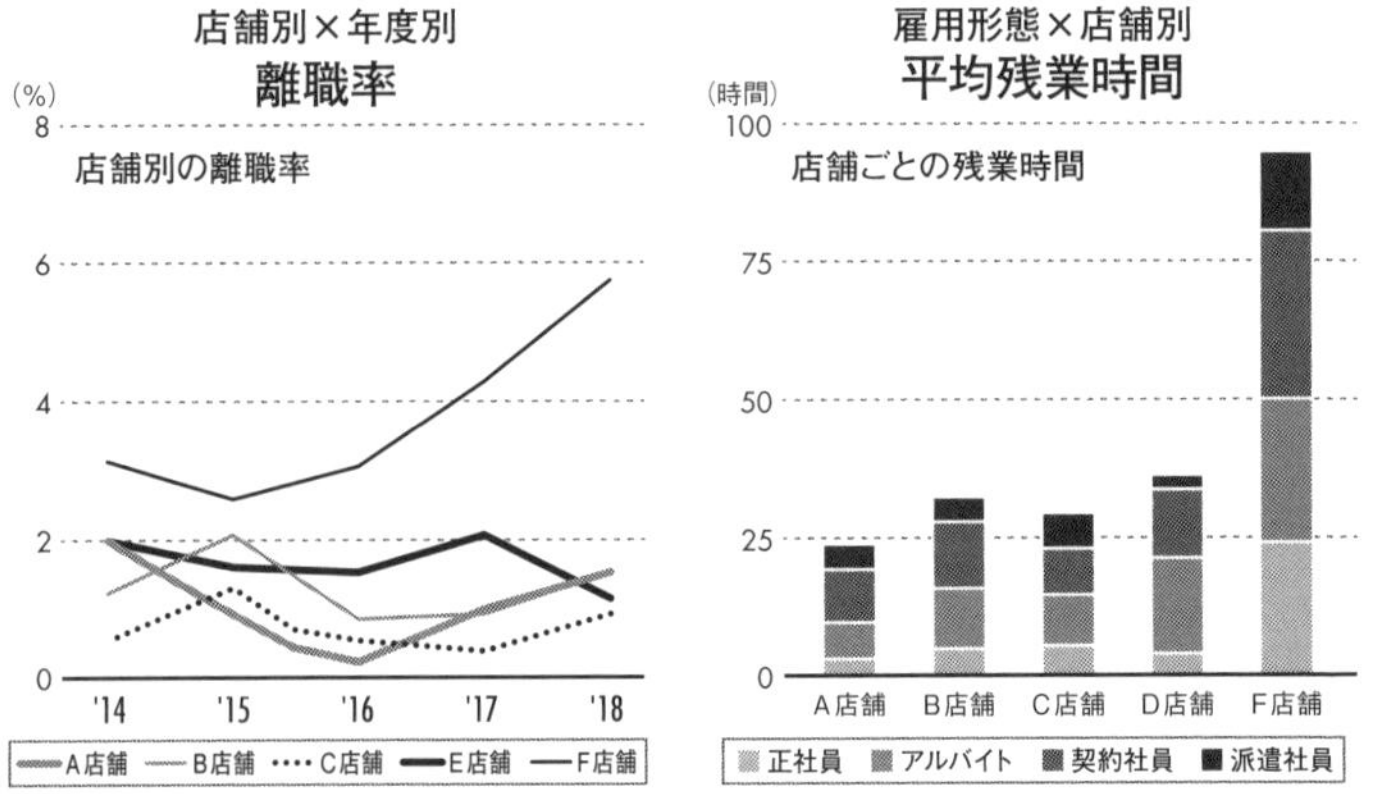
店舗別×年度別
離職率
(%)
8
6
4
2
0
店舗別の離職率
'14
'15
'16
'17
'18
A店舗
B店舗
C店舗
E店舗
F店舗
雇用形態×店舗別
平均残業時間
(時間)
100
75
50
25
0
店舗ごとの残業時間
A店舗
B店舗
C店舗
D店舗
F店舗
正社員
アルバイト
契約社員
派遣社員

©SmartHR, Inc.

「SmartHR」開発のきっかけとなった自身の闘病生活

私はかつて「ハント症候群」という難病にかかり、顔面麻痺の上に耳も聴こえず、味覚もなくなるという症状に見舞われ、さらに歩けなくなり、数カ月間にわたる車椅子生活を余儀なくされました。

当時はサラリーマンをしていたのですが、とても仕事に行ける状態ではありません。勤めていた会社には休職扱いにしていただけたものの、当然給料はかなり減ったため、この先の生活費が払えるか、不安で頭がいっぱいでした。

しかし、その心配は杞《き》憂《ゆう》にすぎませんでした。社会保険制度の傷病手当金が助けてくれたのです。元気なころは、健康保険料が給料から天引きされていても、何も感じていませんでしたが、いざ自分が病気になると、こんなにありがたいものはないと思いました。

ビジネスの話は、ともすれば生産性の向上にばかり目が行きがちですが、生産性向上を理由に、対応の抜け漏れや後回しがあってはいけないのです。

当社は、「すべての人が価値ある仕事に集中できるように」というミッションを掲げています。「SmartHR」は人事労務の業務の効率化を目指すサービスです。しかし、真の目的は、会社で働く人たちが本来受け取れるはずの恩恵をしっかり受け取れるようにすることにほかなりません。私たちは常にそういうことを意識しながら、これからもものづくりに取り組んでいきます。

【質疑応答】

Q1　政府に書類の電子化を働きかけているという話があったが、政府自体が「SmartHR」を採用する可能性はないのか。

宮田　実際に話が進んでいる官公庁や自治体もあります。自治体は利用しているシステムの問題でややハードルが高いのですが、官公庁では導入事例をつくっていきたいです。

Q2　貴社のバックオフィスにはどれくらい人がいるのか。

宮田　経理とIR、財務が八名、人事が一〇名います。人事の人数が多いように思われるかもしれませんが、年間一〇〇名以上を新規採用しており、年間の応募数も約一万件あるので、それに対応するとなると、それくらいの人数になります。

また、社内の業務には積極的にクラウドサービスを取り入れています。先日確認したら二二〇ほど利用していました。

Q3 競合との差別化はどうしているのか。

宮田 競合は現在一五～二〇社あります。当社のようなソフトウエアサービスは非常に真似されやすいので、これから五年先は当社がトップにい続けられると思いますが、一〇年後、二〇年後にはさらに競合が増えるでしょうから、いろいろ対策は考えています。

ひとつは連携戦略です。他社のいろいろなサービスとさらに連携を深めていくようにしています。ＳａａＳの王者と呼ばれるセールスフォースも、連携戦略で競合優位性を築いています。「SmartHR」はＡＰＩを公開しており、現在四〇を超えるサービスと連携しています。

Q4 「SmartHR」開発以前は、事業化にどれくらいの時間をかけていたのか。

宮田 まず週の初めに「みんなはこんなことで困っているから、こういう製品があれば使ってもらえるかもしれない」という仮説を立てます。その後、ヒアリングができそうな人を一〇人くらいオンラインで募集し、ヒアリングシートと製品のモックアップをつくって木曜日と金曜日にヒアリングを行います。そこで「ニーズがない」ことがわかったら、土曜日と日曜日で次の仮説を立て、月曜からその仮説の検証の準備を始めるということを、二カ月間で一〇回実行しました。

Q5　これだけ多くの企業のデータを預かっていると、「こういう雇用をしているからこの企業は伸びそうだ」という〝健康診断〟もできるような気がする。そういうものを今後ビジネス化していく予定はあるか。

宮田　そういうことは基本的にやらない方針です。なぜなら、かなりセンシティブな個人情報を扱っていること自体の意味合いが変わってしまうからです。従業員も、勤務先が自分の個人情報を管理することは許せても、それを第三者が管理するのは恐らく許せないのではないでしょうか。

ただ、データを匿名化して、「その会社の所属する業界の平均給与や平均残業時間はこれくらい」といった、統計を出すことは行ってもいいのではないかと思っています。

Q6　創業から四年間で社員数が三名から二〇〇名超に急激に拡大しているが、組織づくりに関して工夫していることはあるか。

宮田　重要視しているのは経営の透明性です。当社では、経営会議の議事録やすべてのKPI（重要業績評価指標）、銀行口座の残高まで、従業員にオープンにしています。急成長しているので、社長の私ひとりがすべて意思決定をしていたら間に合いません。現場の人たちにも大胆に意思決定をしてもらう必要があります。その際、経営情報をちゃんと渡しておかないと正しい判断ができないからです。

（二〇二〇年二月二九日「ATAMI せかいえ」にて収録）

第五章

「スマートコンストラクション」で実現する建設産業のDX

四家千佳史

PROFILE

四家千佳史

Chikashi Shike

株式会社小松製作所 執行役員 スマートコンストラクション推進本部長

1968年福島県生まれ。1997年に株式会社BIGRENTAL(本社:福島県郡山市、業種:建設機械レンタル)を社員3名で創業。2008年、社員数700名までに成長した同社とコマツレンタル株式会社(小松製作所100%出資)が経営統合すると同時に、代表取締役社長に就任。2015年1月、小松製作所 執行役員スマートコンストラクション推進本部長に就任、現在に至る。

建設機械事業と自動車産業の比較

当社、小松製作所（以下、コマツ）は、お客様である建設業界の方々に、デジタルトランスフォーメーション（以下、DX）で大きな価値を創造していただくことを目指した活動をしています。なぜ、建機メーカーがそのようなことを始めたのか。その背景と、これから当社が進んでいく方向についてご紹介していきます。

当社の売上の九〇％は建設機械と鉱山機械が占めています。

建設機械事業を自動車産業と比較してみると、台数規模では三〇〇分の一、金額規模では一四分の一程度と、非常に小さな業界ということになります（次ページ図1）。

その一方、製品のライフサイクルは自動車と比べて非常に長く、建設機械は五倍、鉱山機械は三〇倍です。したがって、私たちのビジネスは、機械を売ってそこで終わりではなく、売った後のビジネスのほうがより重要なのです。

建設機械は、新車の購入費とその後の維持費がほぼ同額です。鉱山機械なら、新車が二億円なのに対し、部品や修理代がその二倍の四億円かかります。それだけの金額をお客様から支払っていただくには、長期間にわたって信頼関係を築いていかなければならないことがおわかりになると思います。

図1

建設機械事業の規模──自動車産業との比較──

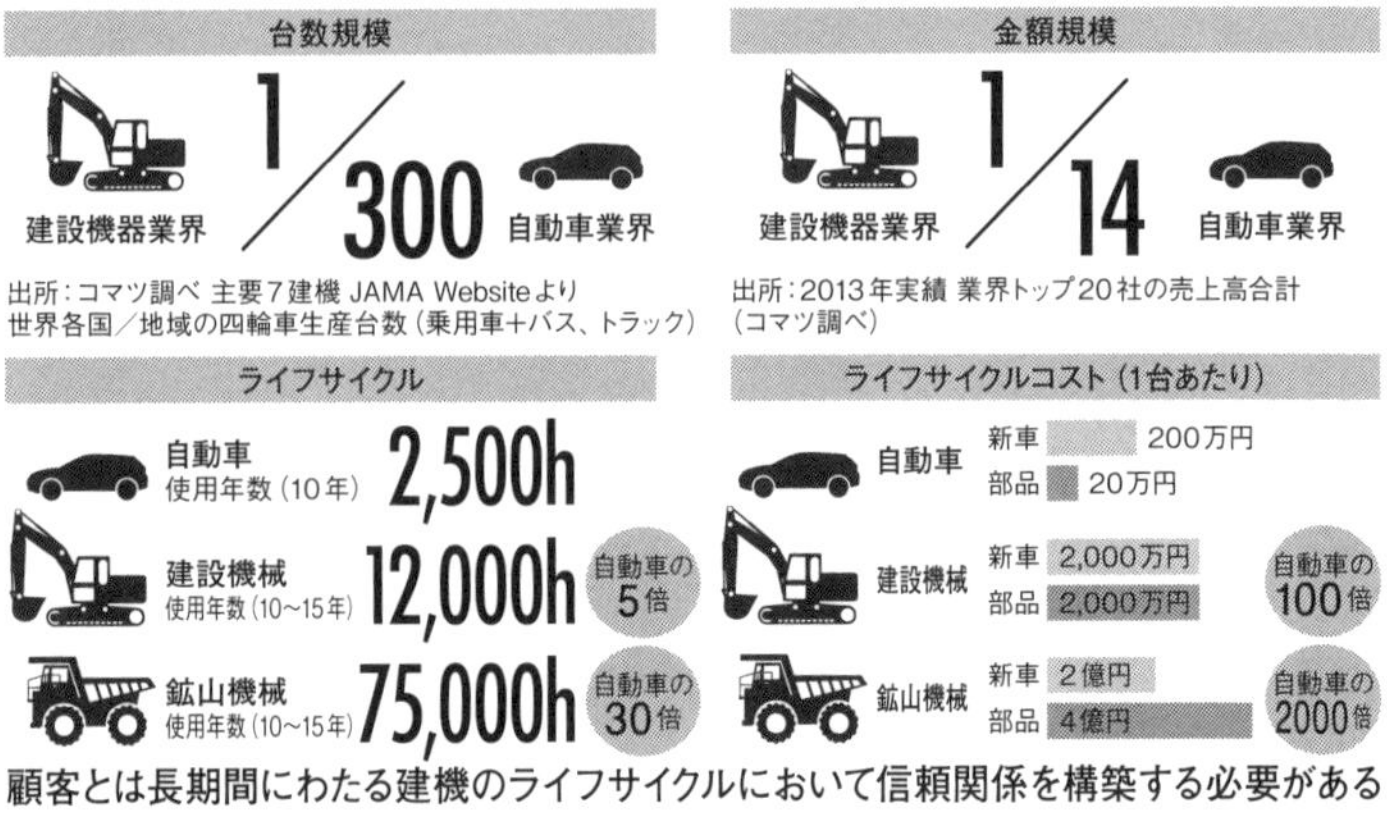
台数規模
1/300
建設機器業界
自動車業界
出所：コマツ調べ 主要7建機 JAMA Websiteより
世界各国／地域の四輪車生産台数（乗用車+バス、トラック）
金額規模
1/14
建設機器業界
自動車業界
出所：2013年実績 業界トップ20社の売上高合計
（コマツ調べ）
ライフサイクル
自動車
使用年数（10年）
2,500h
建設機械
使用年数（10〜15年）
12,000h
自動車の5倍
鉱山機械
使用年数（10〜15年）
75,000h
自動車の30倍
ライフサイクルコスト（1台あたり）
自動車
新車 200万円
部品 20万円
建設機械
新車 2,000万円
部品 2,000万円
自動車の100倍
鉱山機械
新車 2億円
部品 4億円
自動車の2000倍
顧客とは長期間にわたる建機のライフサイクルにおいて信頼関係を構築する必要がある

建設機械事業のビジネスモデルとコマツの事業戦略

建設機械のビジネスモデルは、新車を販売するか、一時的に必要なお客様にレンタルし、その後は修理や部品販売、あるいは整備と点検を行い、お客様が買い替えるときには中古車を買い取って、それをまた別のお客様に売って修理や部品販売をするなど、建機のライフサイクル中、ずっとビジネスを行うというものです（図2）。そういう意味では「リカーリングビジネス」（継続収益を得ることを目的としたビジネス）といえるでしょう。

逆に、バリューチェーンの部分は全部切り取ってビジネスにしているので、今後の

図2

建機事業のビジネスモデル

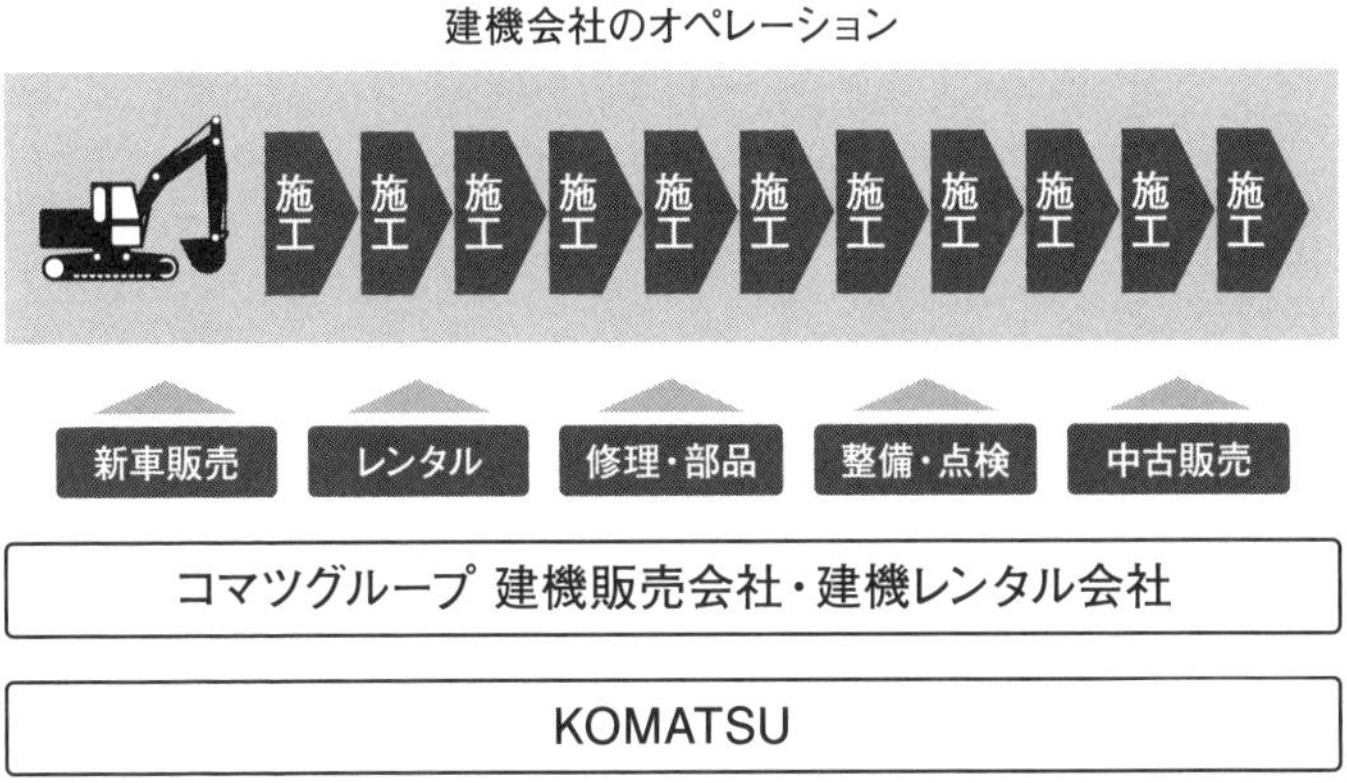
建機会社のオペレーション
施工
施工
施工
施工
施工
施工
施工
施工
施工
施工
施工
新車販売
レンタル
修理・部品
整備・点検
中古販売
コマツグループ 建機販売会社・建機レンタル会社
KOMATSU

©Komatsu Ltd.

成長は「いかに台数を増やしていくか」にかかっているといえます。

ただし、そのような観点でこの先四〇年くらいを考えると、数%程度の伸びしか期待できないでしょう。つまり、建機事業が従来のビジネス構造のままで今後も成長していくのは、かなり厳しいといわざるを得ません。

そこで私たちは新たな戦略を考えました。キーワードは「ダントツ」です（図3）。

まず初めに、高品質・高付加価値を追求した「ダントツ商品」を開発します。次に、IoT（モノのインターネット）やAI（人工知能）予測技術を用いて機械の稼働を見える化する「ダントツサービス」を提供します。そして、お客様の現場やオペレーションに新しい価値をつくる「ダントツ

図3

コマツの事業戦略

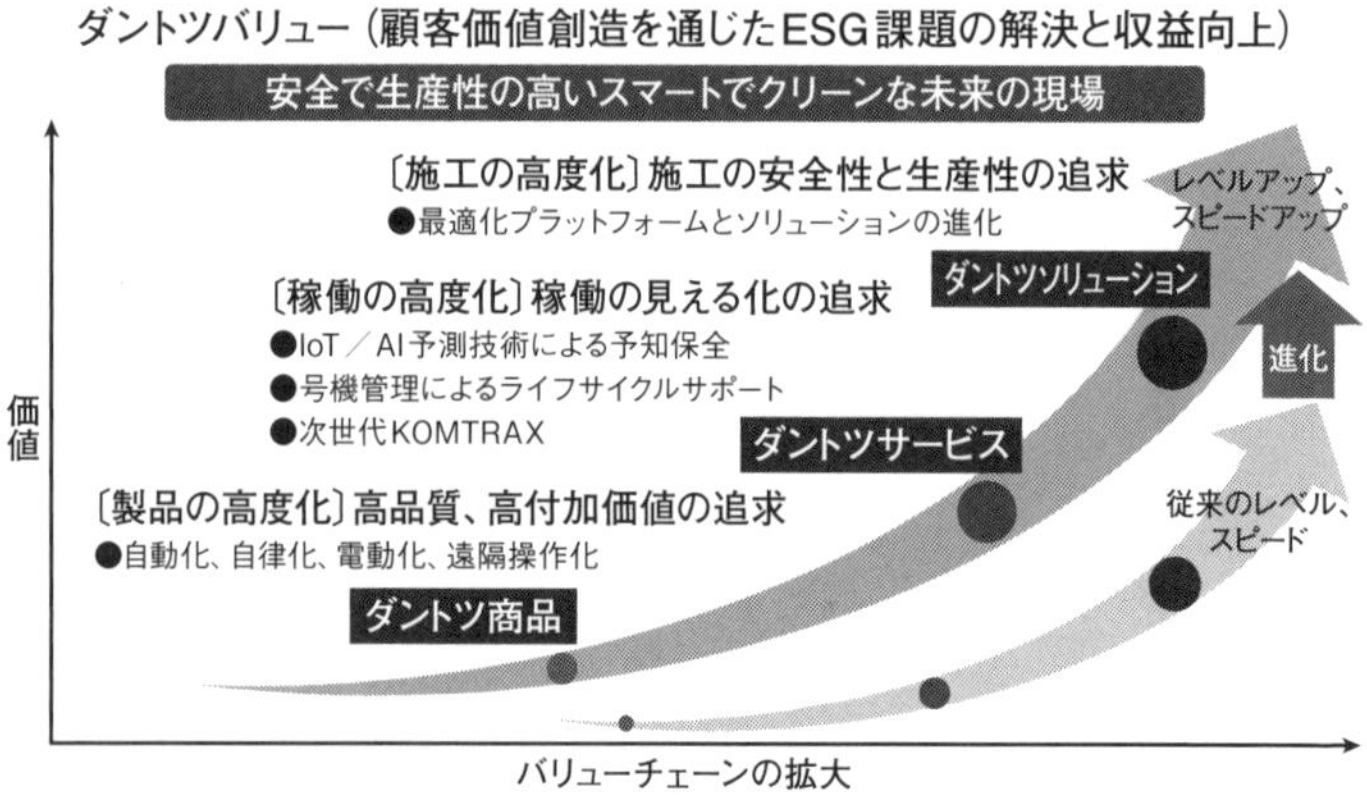
ダントツバリュー（顧客価値創造を通じたESG課題の解決と収益向上）
安全で生産性の高いスマートでクリーンな未来の現場
〔施工の高度化〕施工の安全性と生産性の追求
●最適化プラットフォームとソリューションの進化
〔稼働の高度化〕稼働の見える化の追求
●IoT／AI予測技術による予知保全
●号機管理によるライフサイクルサポート
●次世代KOMTRAX
〔製品の高度化〕高品質、高付加価値の追求
●自動化、自律化、電動化、遠隔操作化
ダントツ商品
ダントツサービス
ダントツソリューション
レベルアップ、スピードアップ
進化
従来のレベル、スピード
価値
バリューチェーンの拡大

©Komatsu Ltd.

ソリューション」を提供します。

これら三つの「ダントツ」によって、バリューチェーンを拡大し、お客様の顧客価値を高めていくことを目指します。

建設業界が直面する課題

当社のお客様である日本の建設業界が直面している課題のひとつが、労働力不足です（図4）。二〇二六年には建設技能労働者が一二八万人不足するといわれています。さらに、時代の要請で土日休業する建設現場が増えると、必要な労働者数はさらに増えるため、労働力不足はいっそう深刻になるといっていいでしょう。

では、これをどのように解決していけばいいのでしょうか。工事の中には復旧など

図4

日本の建設業界が直面する課題

●高度成長期時代に整備した社会インフラの維持、更新
●甚大な災害への迅速な対応、復旧、復興
●気候変動に対応した社会インフラの強靭化

→ 建設需要は、現在以上の水準を維持

●高齢化が進行、若年労働者不足
●働き方改革による労働人口減少

→ 数年以内に、最大120万人の労働力不足（必要数の1/3に相当）

建設技能労働者数の推移と合計

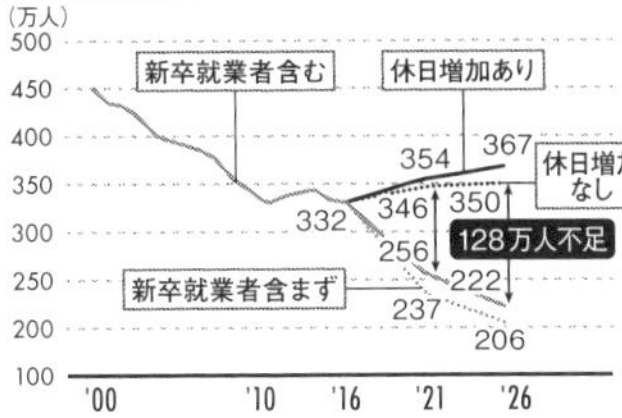

（万人）
500
450
400
350
300
250
200
100
新卒就業者含む
休日増加あり
休日増加なし
新卒就業者含まず
354
367
346
350
332
128万人不足
256
222
237
206
'00
'10
'16
'21
'26

建設会社の売上高規模別の状況

年間規模	企業数	平均		年商合計（兆円）	構成比
		年商（百万円）	社員数		
61億円以上	2,204	30,560	502	67.3	0.5%
31～60億円	2,317	4,156	92	9.6	0.5%
13～30億円	8,029	1,818	45	14.6	1.8%
7～12億円	14,980	832	24	12.5	3.3%
①1.3～6億円	104,761	255	10	26.8	23.3%
①1.2億円以下	318,292	43	3	13.8	70.6%
合計	450,583	37,664	676	145	100%

① における地域分布（社数）大都市圏（※）44%、地方56%
※首都圏（1都3県）、近畿圏、愛知、福岡（当社調べ）

資料：総務省「労働力調査」、ほかより作成 ©Komatsu Ltd.

緊急性の高いものも多いため、「工事そのものを減らす」という選択肢はないはずです。外国人材の導入も、今後はあまり期待できそうもありません。そうすると、結論としては「労働者一人当たりの生産性を上げるしかない」ということになります。

建設会社の売上高規模別の状況を見ると、日本全国にある約四五万社の約九四%が社員数一〇名程度の零細企業です。

つまり、当社が一人当たりの生産性を上げることを考える際に対象となるのは、このような規模の会社の現場なのです。

お客様の現場で、建機が解決できない課題を理解する

当社は、ICT（情報通信技術）で自動

図5

顧客の直面する課題を建機（モノとモノ）で解決

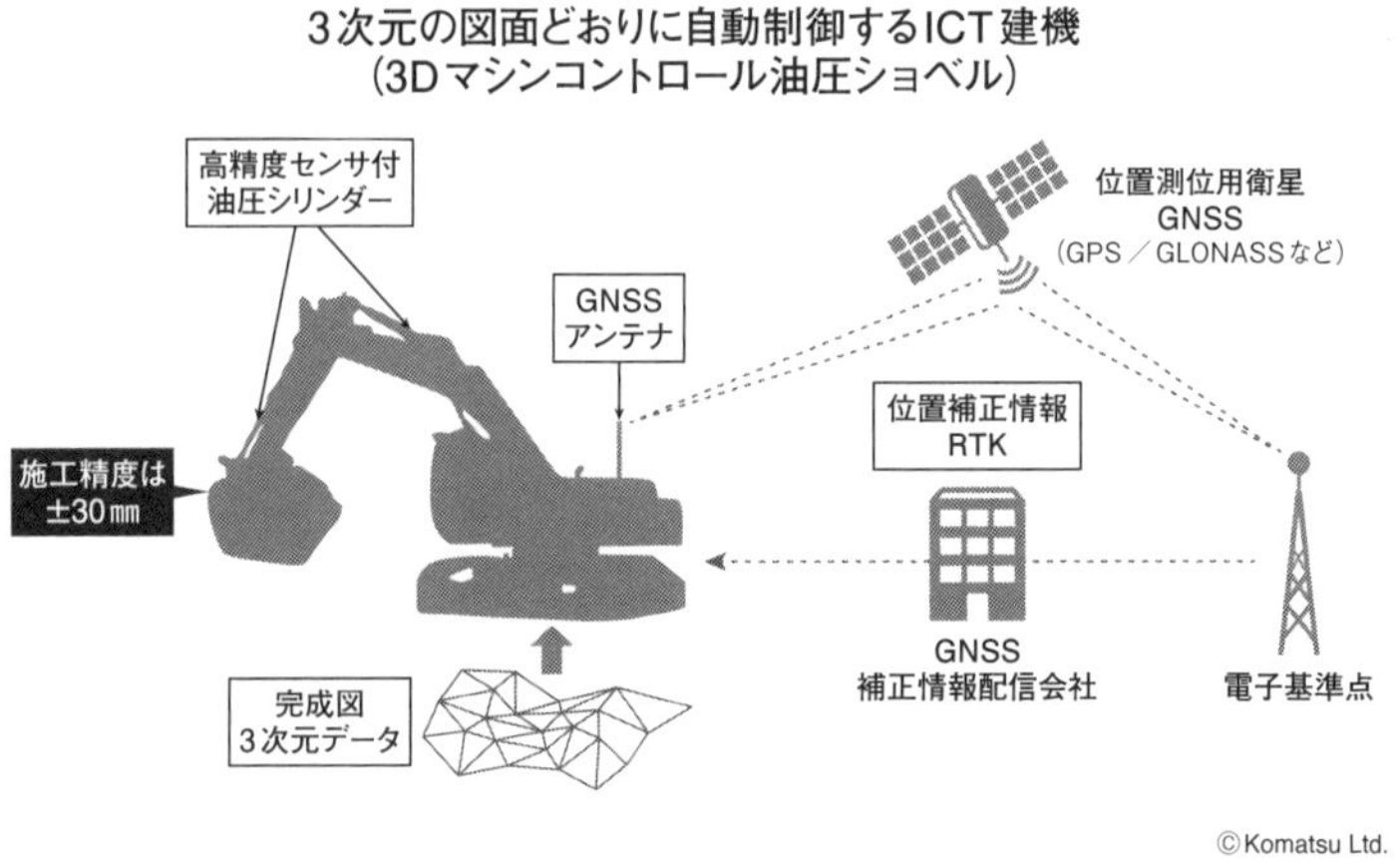
3次元の図面どおりに自動制御するICT建機
（3Dマシンコントロール油圧ショベル）
高精度センサ付
油圧シリンダー
位置測位用衛星
GNSS
（GPS／GLONASSなど）
GNSS
アンテナ
位置補正情報
RTK
施工精度は
±30㎜
完成図
3次元データ
GNSS
補正情報配信会社
電子基準点
©Komatsu Ltd.

制御する建機（ICTブルドーザーやIC油圧ショベル）を開発し、二〇一三年より、日本、北米、ヨーロッパ、オーストラリアの市場に導入しています。

具体的には建機にGPS（全地球測位システム。地球上の現在位置を人工衛星からの電波で測り知る装置）などの位置測位用衛星の信号を受信できるGNSSアンテナを搭載した3Dマシンコントロール油圧ショベルを開発しました。さらにその情報に補正をかけ、自分の車両の位置を二〜三センチメートルの誤差で捕捉できるようにし、そこから作業機の位置を計算で導き出し、セットした三次元の図面どおりに自動制御していくという仕組みになっています（図5）。

ところが、実際にこのICT建機を導入してみたところ、うまくいかないケースがいくつも出てきました。たとえば、こんな例です。

日本国内の自動車専用道路の路床工事で、現場から離れた山の土を削って、ダンプトラックで運んで一層ずつ盛土をしていく作業があり、盛土の工程に私たちはICT建機を入れました。当初の見積もりでは、通常の建機と比べて、一日当たりほぼ二倍の施工土量が出る予定でした。ところが、まったくといっていいくらい、生産性が上がらなかったのです。

原因は、ICT建機による施工が行われる盛土の前工程にボトルネックが発生したことでした。私たちは、自社の建機が動いている建設現場のプロセスしか見ていなかったわけです。

ちなみに、二〇一三年八月にICT建機を市場へ導入する際、日本市場だけは販売ではなくレンタルにしました。理由は、日本だけが建設現場へのラストワンマイルをカバーするレンタル事業を行っていたことと、「このICT建機だけでお客様の労働力不足を解決できるようになるとは思えない」という当時のトップのひと言です。それで、日本では「まず使ってもらうことを優先しよう」ということになったのです。

レンタル会社を通して、いろいろな現場にICT建機を入れてみたら、先ほどの自動車専用道路での事例のように効果の出ないところがけっこう出てきました。

さらに、n数（サンプル数）が増えるにつれ、「建設機械だけでは現場の生産性は上がらない」という事実が明らかになってきました。そのため、販売は先延ばしにして、レンタルの台数を増やしていきました。

図6

顧客の課題を可視化した「1枚の資料」

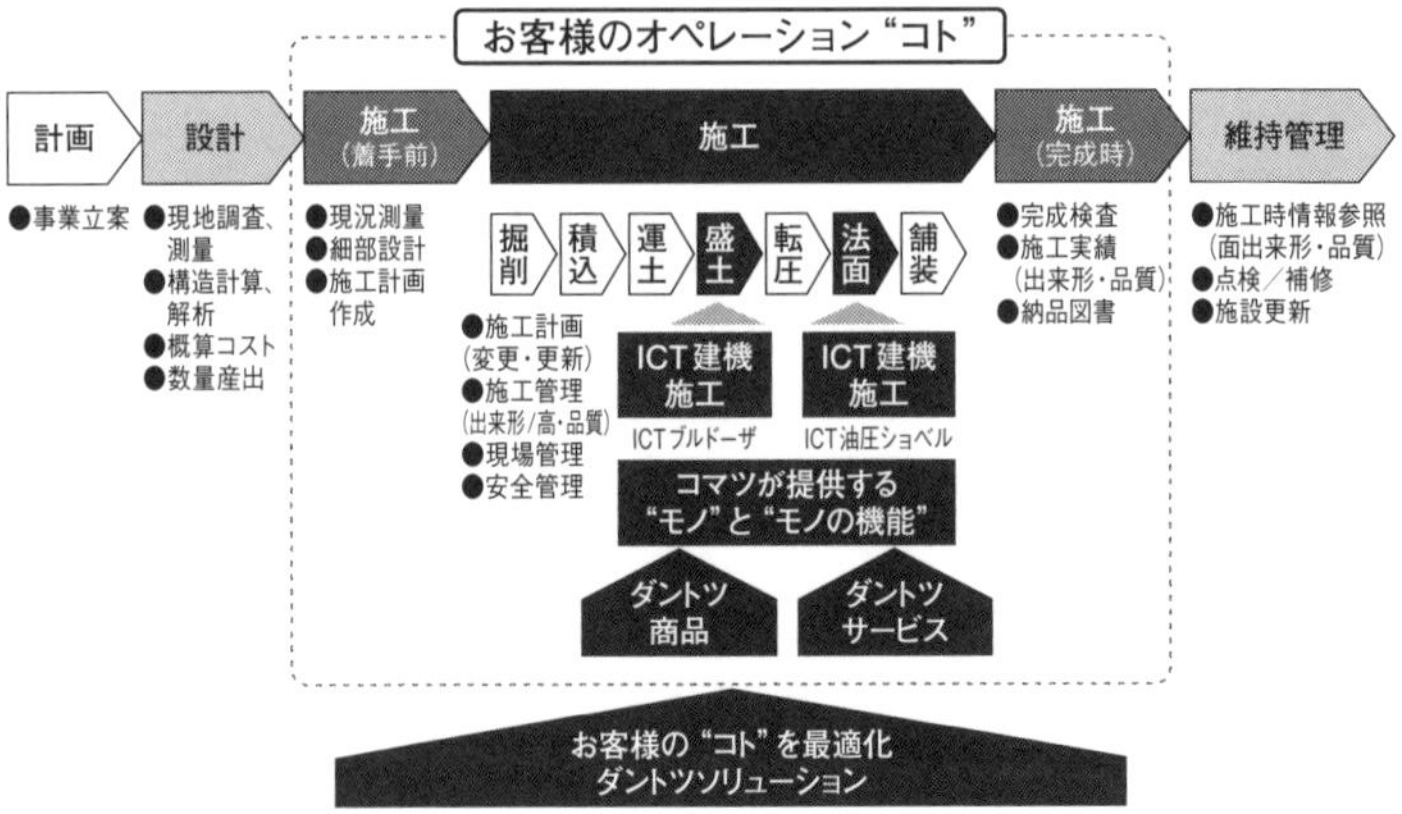

その結果、「モノだけ替えても生産性は上がらない。建設のオペレーション全体の課題を見つけ出し、最適化するよりほかない」という結論にたどり着いたのです。

課題を可視化した「一枚の資料」

これらの気づきを踏まえ、私は建設生産プロセス全体を表すチャートのうち、コマツの建機が関与しているところだけを黒く塗り、さらに当社の強みであるダントツ商品とダントツサービスを書き加えて、当時の大橋徹二社長（現会長）に見せました（図6）。

「われわれの建機は、たったこの部分にしか使われていないのか。これでは部分最適はできても、全体最適にはならないではないか」

大橋社長はそういうと、お客様のオペレーションにかかわる部分（図6の点線部分）を丸で囲みました。そして、こう続けたのです。

「四家、ここの課題を解決するソリューションを考えろ。今あるコマツの製品やサービスの範囲を超えたまったく違う世界だから、何かカッコいい名前をつけろ」

そこで「スマートコンストラクション」と名づけました。大橋社長に報告すると、

「こういうものはいった者勝ちだ、すぐスタートしろ。報道陣とアナリストを呼んで、発表会をやれ」

そういわれても、資料も何もありません。仕方がなく、私が思い描いているイメージを急いでビデオにまとめ、それで発表会を乗り切りました。それが二〇一四年一二月です。

ただし、社内からは「四家が社長を焚《た》きつけて、できもしないことを発表した」と相当文句をいわれました。

しかし、すでに発表した後ですから、もうやめるわけにはいきません。また、ビデオをつくっておいたことも吉と出ました。「このビデオのようにやればいいのだ」と、みながすぐに理解することができたからです。

それまでのコマツの新製品開発は、三～四年かけて一〇〇点満点のものをつくって市場に出すという戦略でした。しかし、「スマートコンストラクション」というコンセプトを先に発表して

しまった手前、そんな悠長なことはいっていられません。

そんなわけで、「二〇点でも三〇点でもいいから、とにかく早くつくって世に出そう」という、コマツ始まって以来のアジャイルな開発手法を選択せざるを得なくなったのです。

「スマートコンストラクション」というのは、まだ見ぬソリューションですから、「今、何ができるのか」ではなく、常に「こうありたい」という姿から考えるようにしました。

「スマートコンストラクション」のコンセプト発表、サービス開始

発表会用につくったビデオは国も動かしました。

「スマートコンストラクション」がスタートしてから半年ほど経ったある日、国土交通省（国交省）からお呼びがかかりました。「ビデオを見たが、あんなことが本当にできるのか」というのです。

「今はできません。でも、そのうちきっとできるようになります」

私がそう答えると、「では、国も後押ししましょう」という方向に話がまとまりました。

翌二〇一六年四月、国交省が、デジタルを使って生産性を上げる「i-Construction」を推進することを宣言しました。過去五〇年間ずっと同じだった施工基準を大幅に変えて、全部デジタル対応にするというのです。

たとえば、建築物を最後に検査する際は、以前は検査員が現地に出向いて測量していましたが、現在ではドローンを飛ばして設計データと合っているかどうかをコンピュータ上で確認し、問題がなければ一瞬で合格になります。それくらい大きな変化が起こったのです。

さらに同年九月の第一回未来投資会議では、安倍晋三首相（当時）が「建設現場の生産性革命と推進」を宣言し、二〇二五年までに建設現場の生産性の二〇%向上を目指すと発言しました。「こうありたい」という姿を語っていたら、国をはじめとしたサポーターが集まってきて、応援してくれるようになりました。それが追い風となって、「スマートコンストラクション」の開発は、どんどん加速していったのです。

「スマートコンストラクション」のコンセプト

「スマートコンストラクション」は、アプリケーションやプラットフォームといった、デジタルの部分ばかりが注目されがちですが、それだけではありません。建機やドローンのようなハードウエア、それと現場で働く人。この三者がバランスよく進化していくことが大事なのです。

人材でいえば、当社にはコンサルタントが約四〇〇名います。彼らの役割は、これまでお客様に機械を売ったり、借りていただいたりする〝建機屋〟でした。しかし、最近は、お客様から「この工事を取りたいのだが、どうすればいいか」と、受注前から相談をされる対等なパートナーに変わってきています。

また、この四〇〇名の中から毎週私のところに「こんな課題を見つけた」「こういったツールがほしい」というレポートが上がってくるため、そのうちソフトウエアで解決できるものは必ず六カ月以内にリリースしますし、ハードウエアも一年から一年半で改善を施したものをお客様に提供するようにしています。

会社全体として、コマツはずっと「モノ」の文化でした。それが、最近は「お客様のオペレーション上での価値を創出する」という方向に変わりつつあります。

当社の、二〇一九年度から二〇二一年度の中期経営計画のタイトルは「DANTOTSU Value」です。その意味を簡単にお伝えすると、「新しい価値をつくらないと、私たちは成長できないから、それをつくろうよ」と宣言しているのです。

当社はモノづくりの会社ですから、ハードウエアを進化させていくのは当たり前ですが、施工現場に賢い建機が一台だけあっても仕方ありません。そこで、お客様の現場の最適化を実現する価値を提供していこうというのが、中期経営計画の狙いというわけです。

モノとコトで施工のDXを実現する

「安全で生産性の高い、スマートでクリーンな未来の現場を実現する」

図7

安全で生産性の高いスマートでクリーンな未来の現場

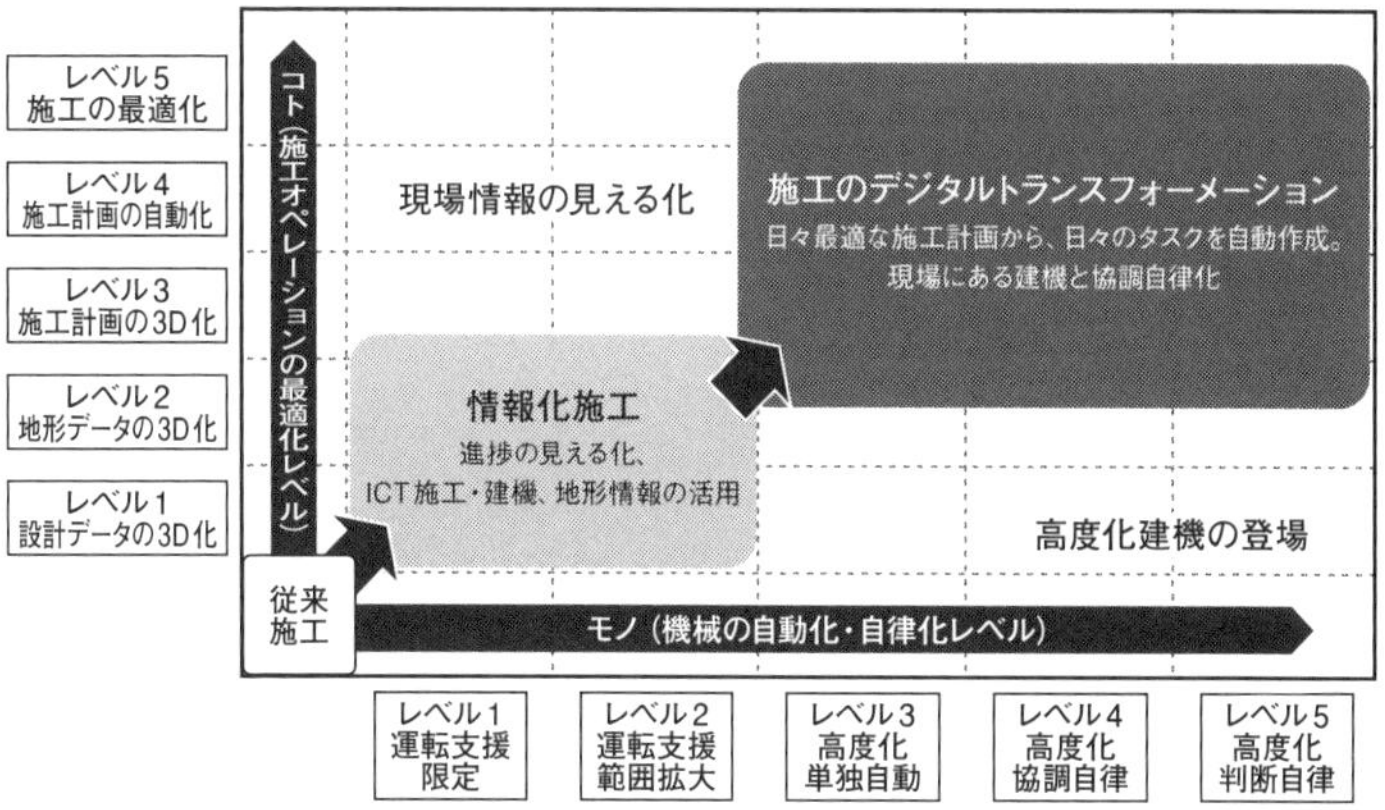

レベル5 施工の最適化
レベル4 施工計画の自動化
レベル3 施工計画の3D化
レベル2 地形データの3D化
レベル1 設計データの3D化
コト（施工オペレーションの最適化レベル）
現場情報の見える化
施工のデジタルトランスフォーメーション
日々最適な施工計画から、日々のタスクを自動作成。
現場にある建機と協調自律化
情報化施工
進捗の見える化、
ICT施工・建機、地形情報の活用
高度化建機の登場
従来施工
モノ（機械の自動化・自律化レベル）
レベル1 運転支援 限定
レベル2 運転支援 範囲拡大
レベル3 高度化 単独自動
レベル4 高度化 協調自律
レベル5 高度化 判断自律

© Komatsu Ltd.

これが、私たちのDXの基本的なとらえ方であり、つくろうとしている価値です。

この価値をつくるには、これまでのお客様の土木施工プロセスではたぶん困難でしょう。プロセスの変革は不可欠であり、変えるにはデジタルの要素を取り入れなければなりません。つまり、DXを起こさなければ、価値を生み出せないのです。

そして、お客様の施工のDXを実現するために、私たちはモノ（建設機械の自動化・自律化）を提供するだけでなく、コト（施工オペレーションの最適化）も併せて提供しなければならないことは、いうまでもありません。

言葉を換えれば、お客様に、モノだけでなく、コトの最適化も提供していくチャレンジが、コマツのDXなのです（図7）。

「スマートコンストラクション」で実現していくこと

実は、当初は私たちも何が価値を生むかわからなかったので、施工の一つひとつのプロセスに対し、現場で支保梁を打つ際に横にいる作業員が「もっと上、もう少し下」と指示を出していたのを自動制御にしたり、建設機械に三次元でコントロールする技術を入れたりといったデジタル化を進めていました。ところが、これが大きな価値を生むＤＸだとは思えませんでした。

試行錯誤をしながら様々な施策に取り組んでいるうちに、どうやら私たちがやりたかったのは、お客様のプロセスの一つひとつを単にデジタルに置き換える「縦」のデジタル化ではなく、これらのプロセスが全部つながる「横」のデジタル化だということがわかってきました（図8）。横につながることで要らないプロセスがなくなり、新たなプロセスが生まれ、そこに大きな価値が発生するのです。

さらに、「横」の次には、複数の現場どうしをつないで最適化する「奥」のデジタルがあるのですが、その前にまず「横」のデジタルをしっかりやらなければなりません。それで、現在は「横」に集中しているところです。

図8

部分最適化された各プロセスが“横”につながることで施工全体が最適化

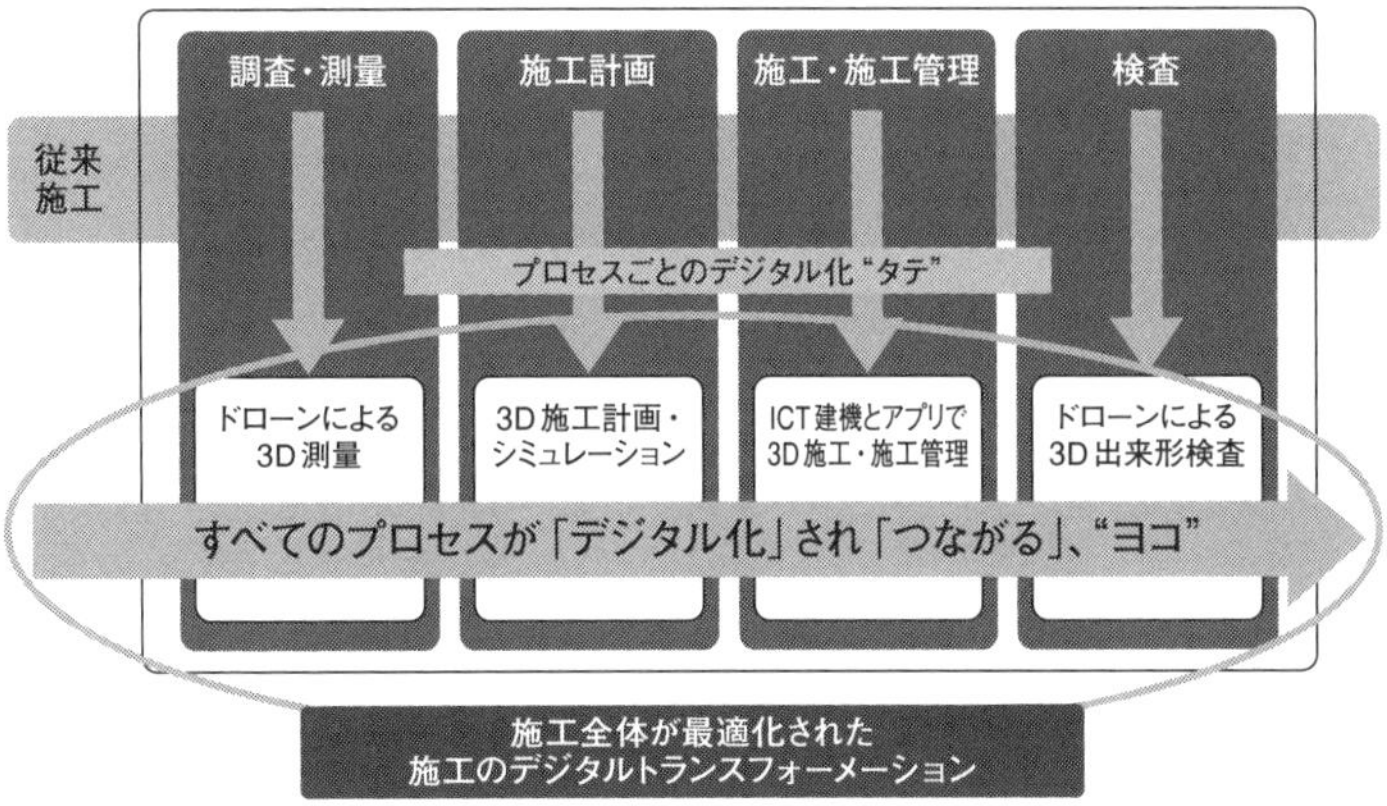

調査・測量
施工計画
施工・施工管理
検査
従来施工
プロセスごとのデジタル化“タテ”
ドローンによる3D測量
3D施工計画・シミュレーション
ICT建機とアプリで3D施工・施工管理
ドローンによる3D出来形検査
すべてのプロセスが「デジタル化」され「つながる」、“ヨコ”
施工全体が最適化された施工のデジタルトランスフォーメーション

©Komatsu Ltd.

施工のDXを実際の現場で検証

二年前、ドイツのアウトバーンの工事に当社の技術者を派遣して、工事を受注するところからのプロセスを徹底的に可視化しました。

すると、施工中のプロセスはまったくデジタル化されていないのです。管理者はオペレーターから口頭やメールで受けた指示を自分の頭で解釈し、それを現場の作業員に伝えているだけでした。唯一入札前の計算のプロセスがデジタル化されていたくらいです。

それで、私たちは六カ月で技術者を戻すと、可視化したプロセスを真ん中に置き、デジタル技術で置き換えられるところはないかについて議論を重ね、新たに実行計画をつくり直しました。次に技術的なチェックをすると、二年ぐらいでできそうだということもわかりました。しかも、現場で受け入れられるコストレベルをクリアしています。

私はこれを、ドイツの施工会社の社長に見せに行きました。集まってきた技術者が最初こそはあれこれと難癖をつけてきたのですが、一〇分もするともう誰も声を発しませんでした。すると相手の社長がこういったのです。

「コマツとジョイントベンチャーをつくりたい。一緒に商売をしていこう。だから、この資料は外に出さないでくれ」

それを聞いて、私は「これは実現可能であり、しかもお客様にとって意味のあることなのだ」という確信を持ちました。

帰国すると、この一連の流れをすぐにトップに報告し、ついで「最新の技術を使うので、投資をしてほしい」とお願いしたところ、予算をつけていただけたのです。

こうしてプロジェクトは動き始めました。二年後の完成を目指し、今まさに稼働しているところです。

土木の場合、どんなに工事の効率を上げても動かす土の量は変わりません。その代わり、デジタル化によって動かすためのエネルギーや労働力を少なくすることができます。

また、デジタル化によって施工プロセスが短縮されれば、お客様は空いた時間で次の工事を

図9

高速リアルタイムPDCA化による施工プロセスの短縮と関与者の削減

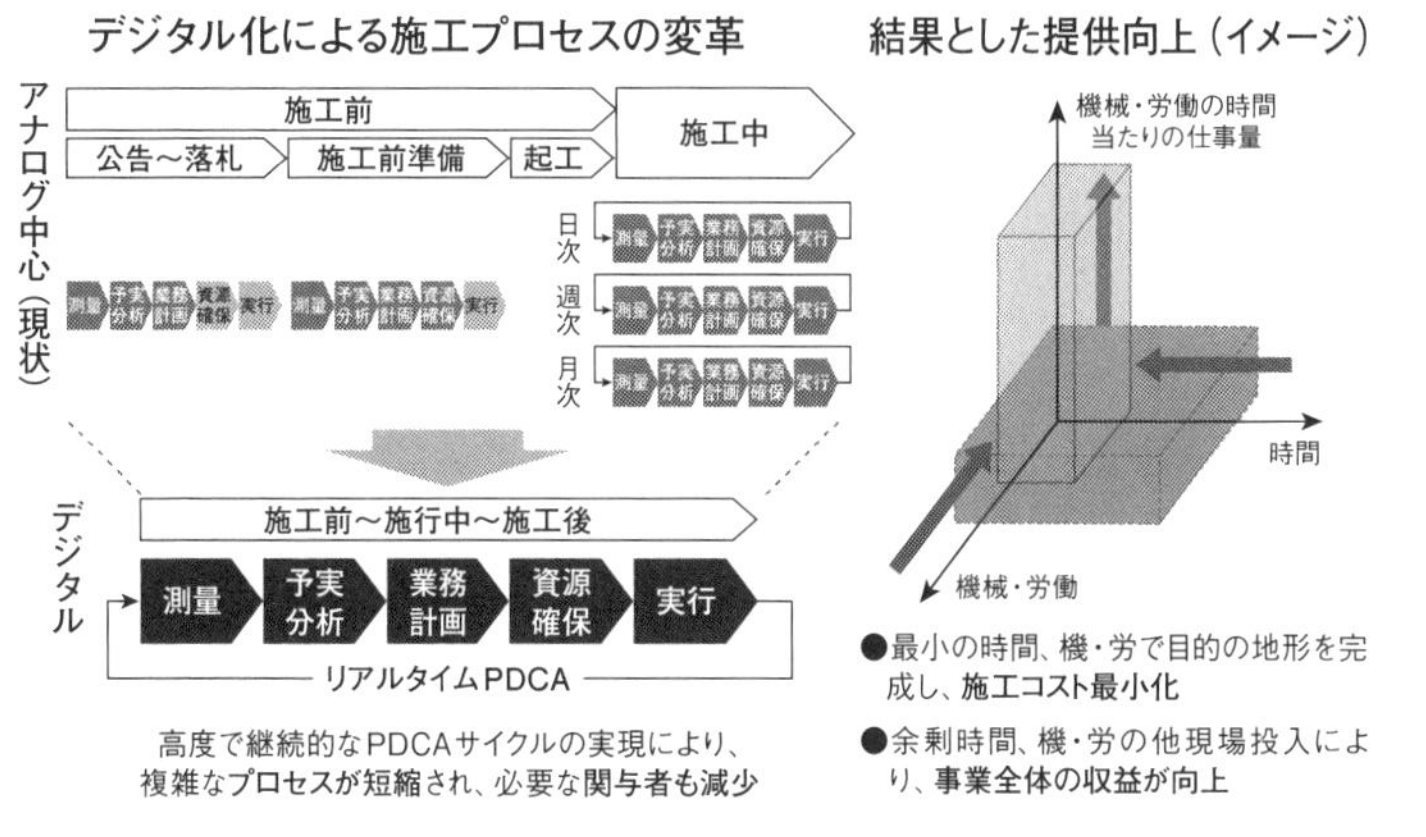
デジタル化による施工プロセスの変革
結果とした提供向上（イメージ）
アナログ中心（現状）
施工前
施工中
公告～落札
施工前準備
起工
日次
週次
月次
測量
予実分析
業務計画
資源確保
実行
デジタル
施工前～施行中～施工後
リアルタイムPDCA
高度で継続的なPDCAサイクルの実現により、
複雑なプロセスが短縮され、必要な関与者も減少
機械・労働の時間当たりの仕事量
時間
機械・労働
●最小の時間、機・労で目的の地形を完成し、施工コスト最小化
●余剰時間、機・労の他現場投入により、事業全体の収益が向上

ⒸKomatsu Ltd.

受注するなど、ビジネスチャンスが広がるのです。

さらにPDCAサイクルが短くなれば、毎日のやるべきことが明確になって、非常に精度の高い工事ができるというメリットも生まれます（図9）。

様々な産業で起きつつあるDX

すでに様々な業界で、従来プレーヤーが新たに登場したデジタルプレーヤーによって収益を奪われる現象が起こっています。

では、建設業界はどうかというと、現在はまだ他の産業に比べてIT領域への投資が小さいものの、生産性や安全性の課題が大きいことを考えると、今後、それらを解決するためにデジタル技術を活用する余地

図10

建設業界におけるデジタル技術活用による解決の余地

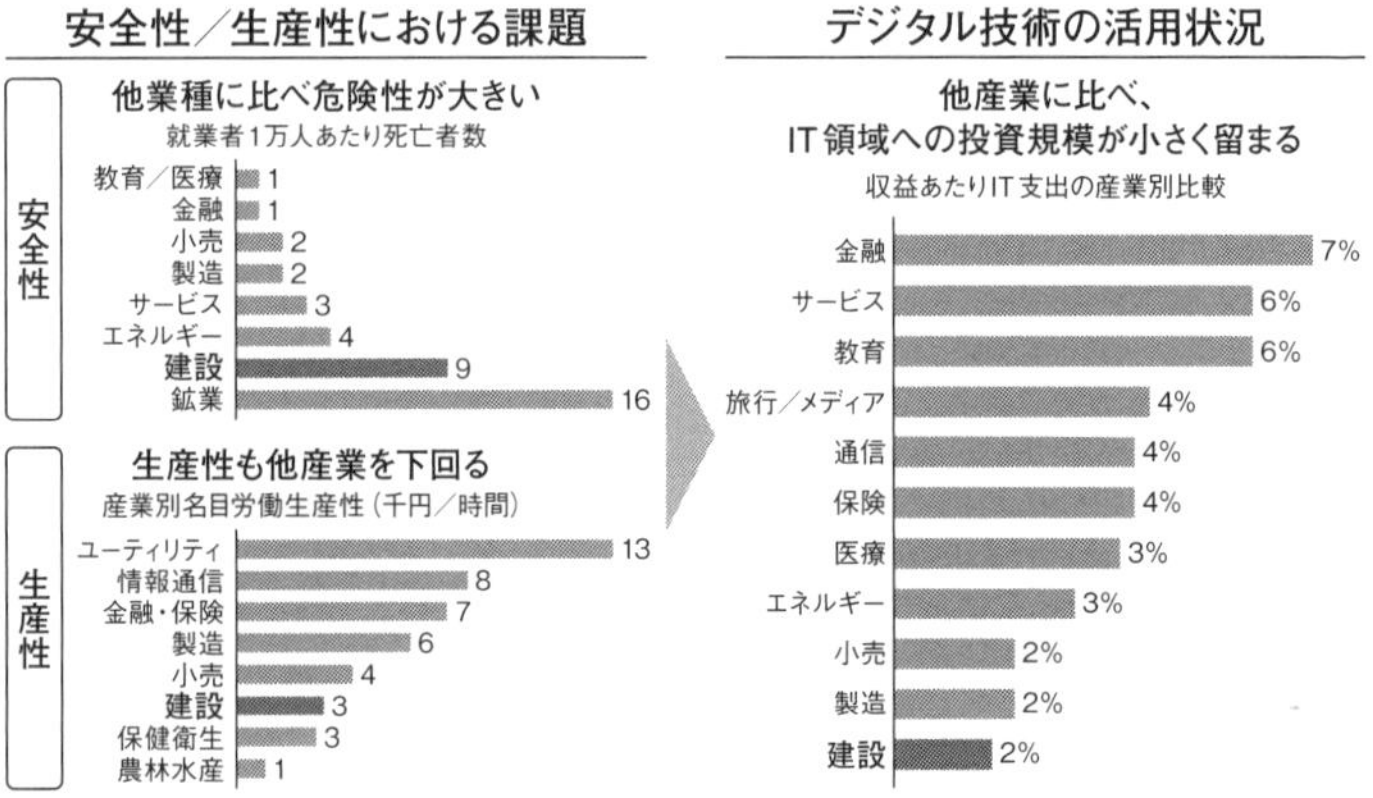
安全性／生産性における課題
安全性
他業種に比べ危険性が大きい
就業者1万人あたり死亡者数
教育／医療 1
金融 1
小売 2
製造 2
サービス 3
エネルギー 4
建設 9
鉱業 16
生産性
生産性も他産業を下回る
産業別名目労働生産性（千円／時間）
ユーティリティ 13
情報通信 8
金融・保険 7
製造 6
小売 4
建設 3
保健衛生 3
農林水産 1
デジタル技術の活用状況
他産業に比べ、
IT領域への投資規模が小さく留まる
収益あたりIT支出の産業別比較
金融 7%
サービス 6%
教育 6%
旅行／メディア 4%
通信 4%
保険 4%
医療 3%
エネルギー 3%
小売 2%
製造 2%
建設 2%

資料：各種資料より作成 ©Komatsu Ltd.

は非常に大きいといっていいでしょう（図10）。

建設業界は決して遅れていたのではなく、生産性と安全性を高めるために、ＤＸの到来を待ち望んでいたのです。

「LANDLOG」プラットフォームと「スマートコンストラクション」全体像

建設現場というのは、固定化したものではありません。日本だと、一年ぐらいで人も工程もどんどん変わっていきます。ここを可視化し、さらに建機やダンプトラック、ドローンなどの働きを、高速に安くデータ化していくのが、図11のいちばん下のレイヤーです。

図11

LANDLOGプラットフォームと「スマートコンストラクション」全体像

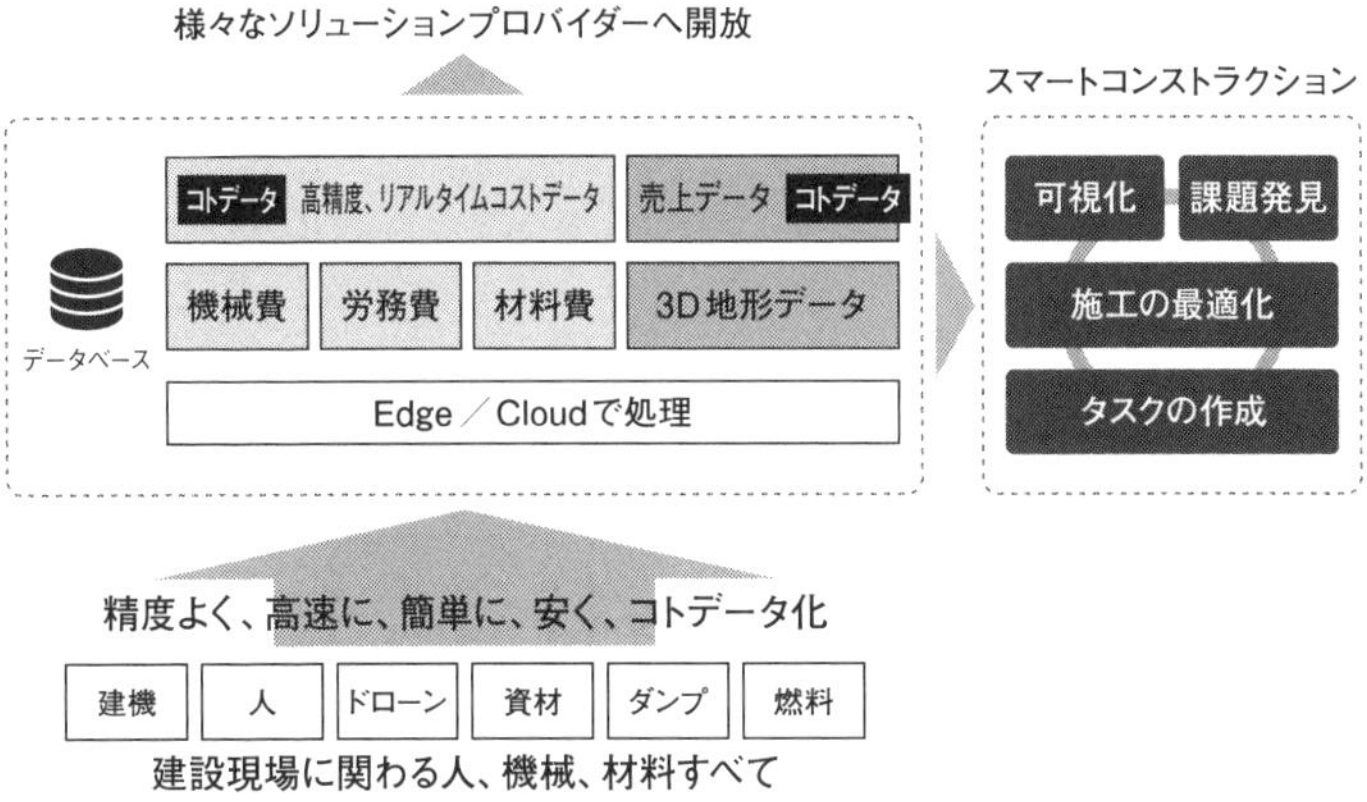
様々なソリューションプロバイダーへ開放
スマートコンストラクション
コトデータ
高精度、リアルタイムコストデータ
売上データ
コトデータ
機械費
労務費
材料費
3D地形データ
データベース
Edge／Cloudで処理
可視化
課題発見
施工の最適化
タスクの作成
精度よく、高速に、簡単に、安く、コトデータ化
建機
人
ドローン
資材
ダンプ
燃料
建設現場に関わる人、機械、材料すべて

建機のデータはもちろん当社が独自に収集しますが、ドローンで撮影した地形のデータなどは、パートナーのものを使います。しかし、そういう技術を持った会社に出資したり、買収したりすることは、今のところ考えていません。そういうことをすれば、この先もずっとその技術を使い続けなければならなくなるからです。

技術は日進月歩ですから、「これしか使えない」というのはリスクにほかなりません。というわけで、パートナーとの関係はビジネスライクが基本で、いつでも解消できるようにしています。

これらの機械や人や材料のコスト、お客様の売上、地形の変化といったローデータを処理するプラットフォームはほかにないので、自分たちでつくっています。しかも、これはおそらく世界で最速かつ最高機能のプラットフォームです。

また、私たちはオープン戦略を採っており、お客様に新しいソリューションを提供したいところには、ある程度の運営コストをいただいて提供しています。

このように、このプラットフォームはコマツ以外の方々にも使っていただくというコンセプトですが、コマツがマネタイズしているという点では閉鎖的であり、クローズ戦略であるといえます。

これまでの話をわかりやすくすると、農家から土のついた野菜を買ってくるのがいちばん下のレイヤーで、それをきれいに洗ってすぐに調理に使えるカット野菜にするのがプラットフォームのイメージです。

コマツはこのカット野菜で中華レストランをやります。フレンチレストランをやる人は、どうぞそれ用にカット野菜を使ってください。最後はレシピで勝負しましょう。これがコマツの戦い方です。

ただ、「プラットフォームをオープン化する」といっても、「どうせ最後はコマツが囲い込むのだろう」と思われるかもしれません。そこで、このプラットフォームだけは、ＮＴＴドコモやＳＡＰ、オプティムにも入っていただいて別会社にしました。

建機の自動化と自律化の取り組み

ここまでずっとオペレーションのお話をしてきましたが、当社はモノづくりの会社なので、モノに関しても説明させていただきます。

建機の高度化、つまり自動化と自律化の研究には日々取り組んでおり、二年前のCEATEC（シーテック、Combined Exhibition of Advanced TEChnologies）では、完全自律で無人で動く建機による工事のデモンストレーションを行いました。

この自動化と自律化に関しては、建機は車ほどハードルが高くありません。しかしながら、現実はどうかというと、現在日本国内で稼働する油圧ショベルのうち、ICT機はまだ二%にも達していません。つまり、みなさんが街なかの工事現場で見かける建機のほとんどは、デジタル化されていないのです。

建設現場全体にDXを広めていくには、これらの建機をデジタル化する必要があります。そこで、コマツでは、一〇年前に買った建機でも、これを装着すれば最新のデジタル建機並みのパフォーマンスを発揮できる、「スマートコンストラクション・レトロフィットキット」の開発も始めています（次ページ図12）。

このレトロフィットキット最大のセールスポイントは、七〇万円という価格です。実は、こう

図12

「スマートコンストラクション・レトロフィットキット」

	Non ICT建機	ICT建機	レトロフィットキット
3D設計データによる3D施工	3D施工 不可	3D施工 可能	3D施工 可能
3D制御	不可	可能 半自動	不可 ガイダンスのみ
丁張・補助作業員	必要	不要	不要
3D加工実績	取得不可	高精度 取得可能	高精度 取得可能

3D設計データによる、高精度3D施工が可能になる

丁張作業が不要、補助作業員不要により、安全・生産性向上

施工実績（コトデータ）がデジタルでリアルタイムに取得可

安価なキット、簡単に利用可能

いった後づけの機器はすでに発売されているのですが、価格が一〇〇〇万円と非常に高価でした。

たとえば、五年前に購入した建機なら、現在価値は五〇〇万円くらいです。さすがに本体価値が五〇〇万円の建機に一〇〇〇万円のものはつけないだろうということで、二〇一九年の一月に社長から指示された金額がなんと五〇万円でした。たしかにそれくらいの値段なら、お客様も購入しやすいかもしれませんが、それにしても厳しすぎます。

しかし、最初に申し上げたとおり、現状起点で考えていたら何もできません。そこで、ありたい姿が製作費五〇万円ならそれでいきましょうと、その条件でスタートしました。

その結果、こんなに安くできてしまったのです。なぜこんなことができたかというと、当社の開発では異例のことですが、あらゆる部分にすでに世の中にある汎用品を利用したのです。モニターすらお客様自身のiPadやアンドロイド端末を利用していただくことにしました。

しかも、一〇年前の建機でも、他社製の建機でも、これを搭載すれば問題なく稼働します。今後レトロフィットキットが現場の生産性を大きく上げてくれることは間違いないでしょう。

【質疑応答】

Q1　オペレーションのデジタル化は検査の簡略化や不正防止にも寄与するのか。

四家　国交省の基準では、出来形を完成展開図と照らし合わせるというかたちで完成検査を行っていますが、当社のプラットフォームでは完成に至るプロセスがすべて可視化されているため、すべての段階で品質基準を確認できます。また、データの改ざんなども不可能ですから、信頼度も高まるはずです。

Q2　リテール・ファイナンスとは何か。

四家　お客様が建機購入する際に利用できる割賦などの金融商品のことです。

Q3　クラウド上のプラットフォームは何を使っているのか。

四家　全世界、「Azure」で動いています。

Q4　「スマートコンストラクション」の課金はどうしているのか。

四家　建設産業全体のマーケットは約七〇〇兆円で、そのうち土木が約一五〇兆円。私たちが「スマートコンストラクション」を導入した現場は、部分的なデジタル化も含めると、だいたい一万件あって、直接費の三〇%、間接費も入れた全コストの一四%がお客様のところに生まれた価値です。その一四%のうちの三〇%を私たちがいただき、残りの七〇%はお客様と施主で分けていただくようにしています。

そうすると、日本だと一現場あたりだいたい七〇万円の課金になります。グローバルでは、たぶん二～三%普及するだけで数千億円のビジネスになるのではないでしょうか。

Q5　最初にビデオをつくったとき、「スマートコンストラクション」のありたい姿のすり合わせはどのように行ったのか。

四家　当社はモノづくりの会社ということもあり、社員の多くは自分たちの製品をつくるのに一生懸命で、そういうイメージを持っている人はあまりいませんでした。

一方、私は若いころからＩＴを使ったビジネスがやりたくて、二九歳のとき、ＩＴによる建設機械のレンタル会社を始めました。その会社が成長して社員数が七〇〇名ほどにまでになったので、株式を上場しようと思い、お世話になっていたコマツにも挨拶に行ったところ、当時のトップから説得され、その会社をコマツに売って社員になったという、いささかユニークな経験をしてきています。

その後、大橋社長（当時）と私の二人で夢を語り合い、それを表現したのがビデオの内容です。だから、ありたい姿が異なって困ったというようなことはありませんでした。

（二〇二〇年二月二九日「ATAMI せかいえ」にて収録）

第六章

経営トップが自ら取り組む、アパレルのDX事例

佐藤 満

PROFILE

佐藤 満
Mitsuru Sato

株式会社ストライプインターナショナル 執行役員／株式会社ストライプデパートメント 代表取締役社長
1994年NEC入社。ソリューションエンジニアとしてECなどの提案・導入を担当。2004年ヤフー入社。ID、ヤフーショッピング、ヤフオクなどのサービス、システム企画を担当。2012年アスクルと提携し、ECサービスLOHACOを立ち上げ、システム企画・マーケティングラボ運営を担当。2017年ストライプデパートメント入社、事業立ち上げを担う。2018年ストライプインターナショナルグローバルファッションEC本部兼務。2020年ストライプデパートメント代表取締役社長。

ストライプインターナショナルの概要

当社は「earth music & ecology」をはじめ、国内外で三〇以上のブランドを展開しているアパレルを中核事業とする会社です。

グループ企業には、キャン、ストライプデパートメント、ストライプ台湾、ストライプベトナム、ストライプサイゴン、提携先企業にはKitsuné Creative S.A.S、PT Bobobobo などがあります。

この中のストライプデパートメントは、ファッションを中心としたライフスタイル提案型ECを運営する、デジタル専門会社です。デジタル領域に強みを発揮できる独自のカルチャーや就業体制を築くために、分社化して別会社にしました。

当社のアパレル店舗数は、国内外で一五〇〇を超えています。

新規事業として、二〇一八年には、渋谷パルコの隣に hotel koé tokyo をオープンしました。一階が飲食、二階がアパレル、三階がホテルという、衣食住のすべてが体験できるコンプレックスビルです。

それから二〇一九年には、koé donuts kyoto を京都の新京極に出店しました。「オーガニック」「天然由来」「地産地消」をキーワードに、身体にも環境にも配慮した素材を厳選した日本らしいドーナツを提供すれば、インバウンド旅行者にも地元の人にも喜んでいただけると考えたのです。店舗のデザインは、建築家の隈研吾氏にお願いしました。イートインとテイクアウト、どちらにも対応しています。

なぜ事業領域を拡大するのか

当社がこのように事業領域の拡大を続けているいちばんの理由は、アパレルの市場を取り巻く環境です。

国内アパレルの市場規模は、今から約三〇年前の一九九一年は約一三兆円でした。それが、二〇一六年には約九兆円と約七割にまで縮小しています。産業規模としては大きいものの、市場が急激に小さくなっていることは大問題に違いありません。

このような状況下で、今後も事業を成長させていくにはどうすればいいかを検討した結果、「それにはデジタルトランスフォーメーション（以下、DX）しかない」という結論に至ったというわけです。

二〇一五年には、経営層が「ストライプインターナショナルは、ライフスタイル&テクノロジー企業を目指す」と宣言しました。

そこで今回は、現在当社が取り組んでいるDXの事例を紹介します。

サブスクリプションサービス「メチャカリ」

人々の消費に対する価値観は、明らかに「所有」から「共有」へ変化しつつあります。配車サービスのウーバーや民泊仲介サイトのエアビーアンドビーといったディスラプター（破壊的イノベーター）が登場してきた背景は、まさにこれです。

アパレル業界でも、アメリカのレント・ザ・ランウェイは、高級ブランドのドレスやアクセサリーを手ごろな価格で無制限にレンタルできるサービスを提供し、ネットだけで年商一〇〇億円を超える売上を上げています。このほか、パーソナルスタイリングサービスで急成長しているスティッチ・フィックスも、「ファッション界のディスラプター」といっていいでしょう。

このレンタルやスタイリングサービスのビジネスは、「必要十分なデータを蓄積すればいつでも全世界に展開できる」という強みがあり、当社もこの二社は競合と認識しています。

当初、このような流れに当社はなかなか対応できませんでした。というのも、当社は創業以来、製造から小売りまで一貫して行うSPA型のビジネスモデルを展開してきたので、「製品を売るのが使命」という意識が強く、社員の間から「貸す」という発想が出にくい雰囲気があったのです。

そんな最中、「ライフスタイル&テクノロジー企業宣言」をきっかけに、メーカーであり続けるだけではなく、「製品を共有する」ビジネスにも取り組もうという空気が生まれました。こうして、プロダクト販売モデルからサブスクリプションモデルへの挑戦が始まったのです。

そうなると、同時にデジタル化の必要性が出てきます。

ファッションのレンタルですから、まずお客様に服を選んでいただく必要があります。といっても、すべての服をお客様のところにお届けするわけにもいかないので、どうしてもデジタル化が必要となります。そこでＥＣ特化型のサービスに絞ることにしました。

サブスクリプションの国内市場規模は、二〇一八年は約五六〇〇億円、それが二〇二三年には約八六〇〇億円になると予測されています（図1）。この流れに乗らずに生き残るのは、もはや難しい状態です。

そこで、当社も二〇一五年九月、ファッションサブスクリプションサービス「メチャカリ」を開始しました。サブスクリプションモデルを最も早く取り入れたのが動画と音楽業界で、二〇〇七年くらいからサービスが始まっています。自動車業界も二〇一九年にトヨタ自動車とボルボが参入するなど、高額商品にも広がりつつあります。

当社の「メチャカリ」は、月額五八〇〇円（税別）から利用できる、新品の洋服レンタルし放題のサービスです（図2）。（※注　別途、返却手数料三八〇円／回（税別）。現在は利用のハードルをより下げるため、月額二九〇〇円のメニューを追加）

お客様は五〇ブランド以上の新品の商品から好きなアイテムを三点まで同時に借りることが

図1

サブスクリプション国内市場規模

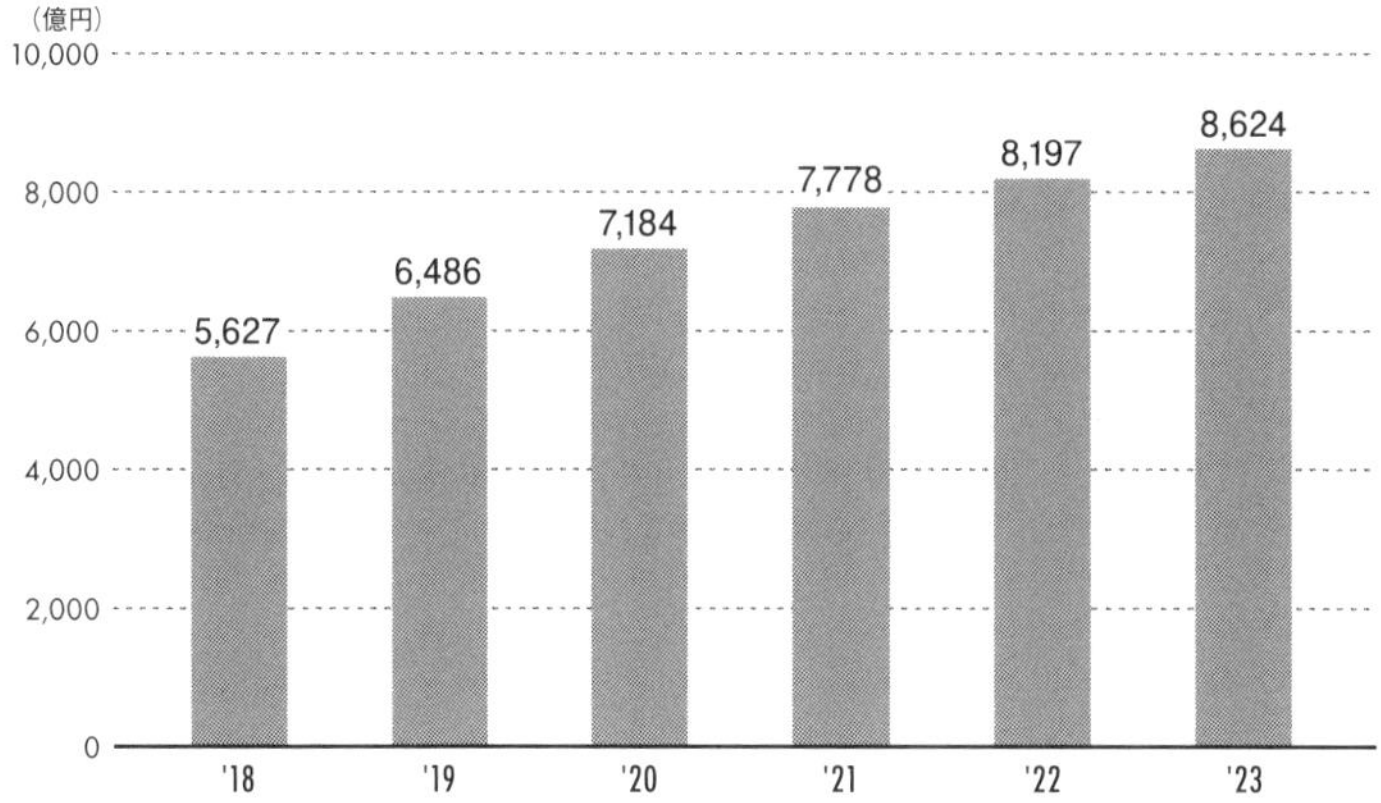
(億円)
10,000
8,000
6,000
4,000
2,000
0
5,627
6,486
7,184
7,778
8,197
8,624
'18
'19
'20
'21
'22
'23

資料：矢野総合研究所 ©STRIPE DEPARTMENT CO.,LTD.

図2

「メチャカリ」とは

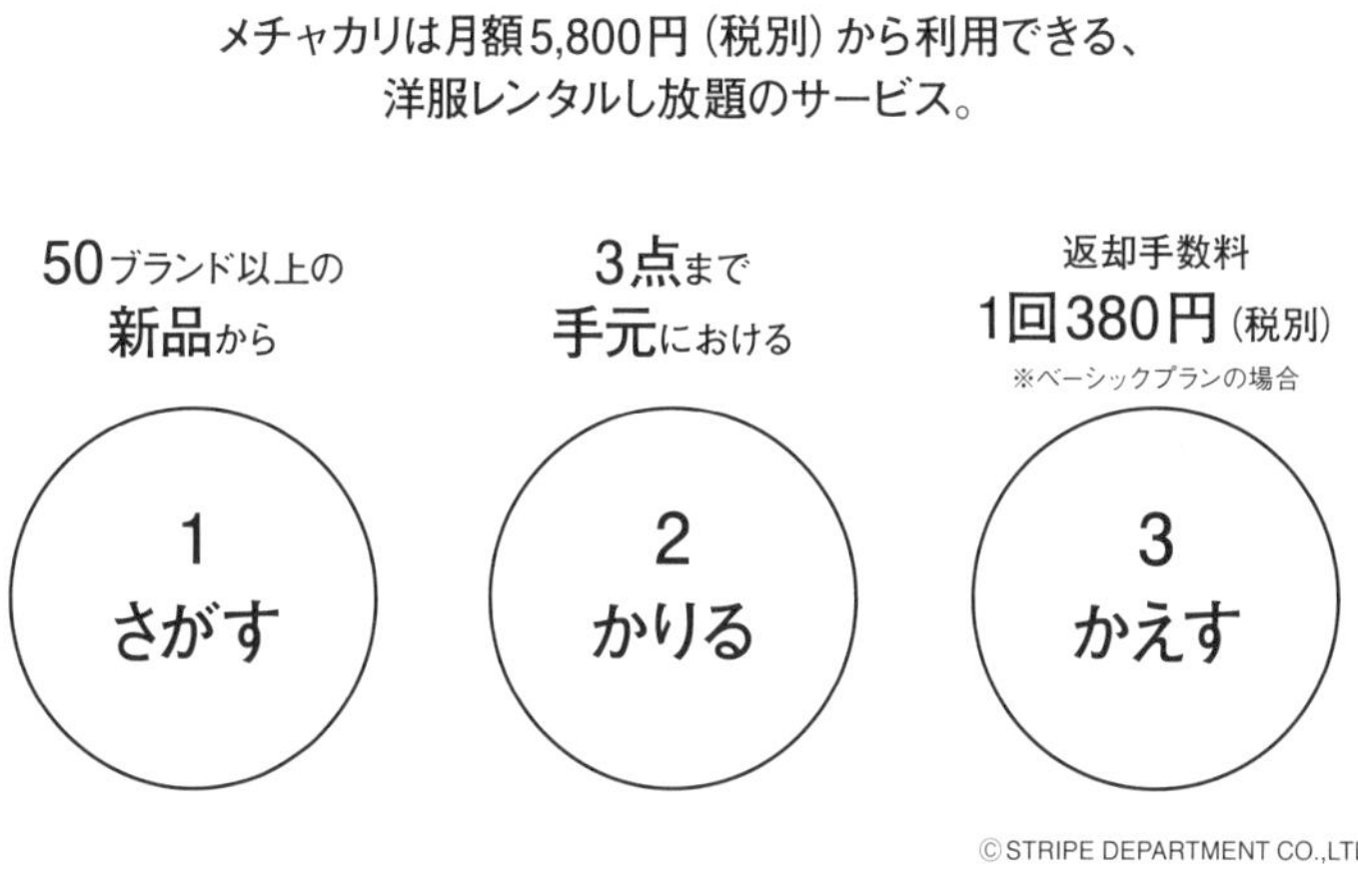
メチャカリは月額5,800円（税別）から利用できる、
洋服レンタルし放題のサービス。
50ブランド以上の
新品から
3点まで
手元における
返却手数料
1回380円（税別）
※ベーシックプランの場合
1
さがす
2
かりる
3
かえす

©STRIPE DEPARTMENT CO.,LTD.

できます。返却すれば、また新たに借りることができて、追加料金はかかりません。「一回着たら、返して次の服を借りる」を繰り返すと、「最大二一着の洋服を月額五八〇〇円で楽しめる」という非常にお得なサービスです。

このサービスを始めた当初、「中古品をレンタルしているのか」という質問をよくされました。また、「メチャカリ」のユーザーと想定している層の人たちに、「中古の洋服に抵抗があるか」についてアンケートをとってみたところ、八割が「ある」ということでした。

実際、ファッション産業全体に占める中古市場の割合は一〇％程度なので、この聞き取りの結果はほぼ正しいといえます。

これはどういうことかというと、中古品をレンタルするサービスでは、マーケットがいきなり一〇分の一に縮んでしまうということにほかなりません。

そこで、メチャカリでは、新品のみをレンタルすることに決めました。ただ、新品を貸すとなると、服の値段を一着三〇〇〇円とした場合、お客様は月額六〇〇〇円を支払えば、三着のみを借りた場合でも九〇〇〇円分の服を着ることができる反面、貸し出す側である当社は儲けを出すのが難しくなります。

それで、「メチャカリ」のお客様から返却された服は「ユーズド」として、中古品に抵抗のない二割のお客様に販売することにしました（図3）。

これなら三着三〇〇〇円で売れれば、メチャカリの月額費用約六〇〇〇円と合わせて九〇〇

図3

「メチャカリ」のビジネスモデル

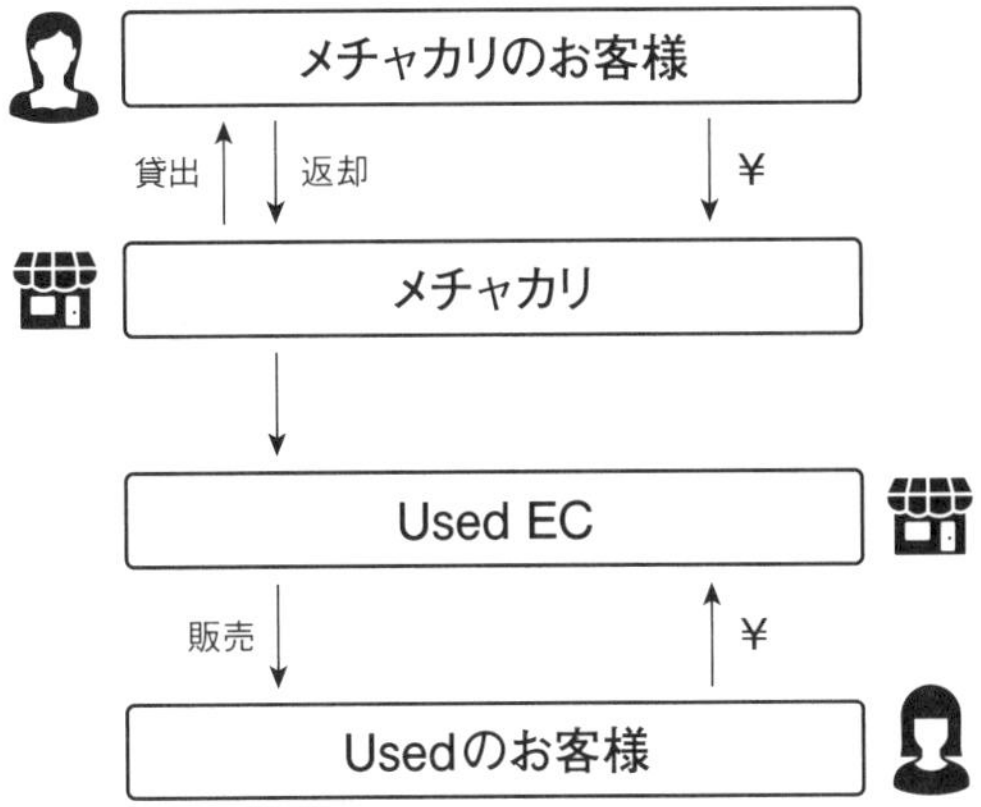

©STRIPE DEPARTMENT CO.,LTD.

〇円ですから、ビジネスモデルとして十分成り立ちます。

しかしながら、当初、このビジネスモデルには、社内から反対の声も上がりました。同じ服で新品と中古品の両方を売っていると、商品価値がわかりにくくなるのではないかというのがその理由です。

そこで、ZOZOTOWNの古着販売サービスである「ZOZOUSED」と提携して、「メチャカリ」のお客様が使用した服を中古品として販売してみることにしました。

そうしたところ、「ZOZOUSED」で売れても、当社の新品の売上は下がりませんでした。やはり、新品と中古品の顧客は別だったのです。ならば「ZOZOUSED」ではなく、自社で販売しても売れるだろうと、自社のECサービスでもユーズドを始める

図4

定額料金で使い放題になることを知っていたサービス

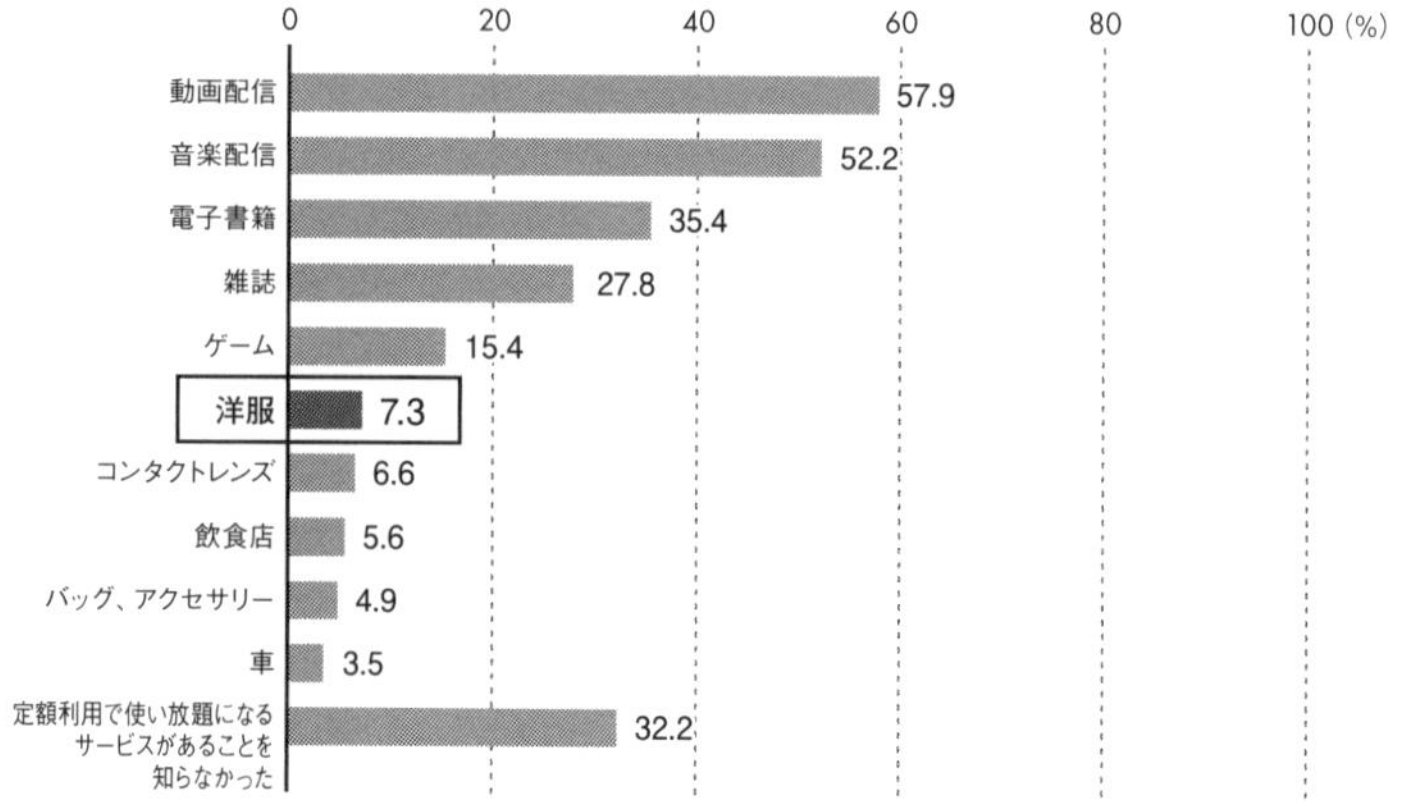

0
20
40
60
80
100（%）
動画配信 57.9
音楽配信 52.2
電子書籍 35.4
雑誌 27.8
ゲーム 15.4
洋服 7.3
コンタクトレンズ 6.6
飲食店 5.6
バッグ、アクセサリー 4.9
車 3.5
定額利用で使い放題になるサービスがあることを知らなかった 32.2

資料：2018年マクロミル調べ（全国20～69歳の男女）©STRIPE DEPARTMENT CO.,LTD.

ことにしました。

「メチャカリ」のお客様から返ってくる服は、一カ月程度利用された新品に近いものがほとんどです。それを当社でクリーニングして、二週間後にユーズドとして販売します。すると、ほとんど新品に近い状態ですから、それほど値下げをしなくても売れるのです。というわけで、非常に収益性の高いビジネスモデルとなっています。

その一方で、「服は買うもの」という固定観念は根強く、借りられるということを知っている人は、まだ決して多くありません（**図4**）。裏を返せば、「服は借りると非常にお得だ」という情報の認知が広まれば、この市場はもっと伸びるということです。

おかげさまで「メチャカリ」のアプリのダウンロードは、五年間で一〇〇万を超えました。また、有料会員数は二〇一九年八月時点で約一万三〇〇〇人です。ちなみに、月商はこれに六〇〇〇円を掛けるとすぐに出るので、興味のある方は計算してみてください。

若者のファッション離れは本当か

最近はメディアで「若者のファッション離れ」がしばしば取り上げられます。でも、これは本当なのでしょうか。そう思って調べてみると、興味深い事実が浮かび上がってきました。

経済産業省の資料によれば、国内アパレルの供給量は一九九一年が約二〇億点、これに対し、二〇一六年は約四〇億点と、なんと二倍の量が流通しているのです。

次に、値段を見てみましょう。一九九一年の国内アパレル商品単価指数を一〇〇とすると、二〇一七年は五六・九と、商品単価は六〇％に下がっています。

つまり、商品点数は増えているが、それを値引きして販売したり、売り出し時から安価になったりするため、商品単価が下がっているのです。

このことから、「安い服を必要なだけ買っている」という若者の姿が見えてきます。決してファッション離れということではないのです。

そこで、「メチャカリ」のユーザーに関して、こんな仮説を立てました。

「服が大好きなユーザーが、大喜びで新しい服を月に何度も借り換えている」

ところが、アンケートをとってみると、現実はそうではありませんでした。実は、毎日忙しく過ごす子育て中の主婦や働く女性など、「服を買うことの優先順位が低い」方々が、意外に多かったのです。服を買うのも、捨てるのも、売るのも、クリーニングするのも、時間や手間がかかる。そういう手間がかからず、「いつでも楽に服を選んで家に届く」という当社のサービスが、ユーザーの心に刺さっていたということがわかりました。

そこで、現在は、「ファッションの〝手間〟を回避できるサービス」を、「メチャカリ」のプロモーションの中心にしています。

「メチャカリ」とリアル店舗の連携

先ほど、「メチャカリ」のサービスによって、「既存ブランドの売上が毀損《きそん》するのではないか」という懸念があったというお話をしました。このことについて、もう少し詳しく説明します。

「メチャカリ」を利用するにあたっては新規登録が必要ですが、ストライプインターナショナル会員の方は、同じＩＤで「メチャカリ」にもログインできます。それで、もともとストライプインターナショナル会員だった人と、新規登録の人の割合を調べたところ、七割が新規のお客様でした。また、新品の売上も下がっていません。

また、継続率を上げるために、二〇一八年一〇月より、「ＡＩ（人工知能）が似合う服を選んでくれる」というサービスを始めています。

「メチャカリ」は、ユーズドの販売分も含めると、立ち上げから五年目で黒字化を達成しました。収益を上げられるビジネスモデルであることがわかったので、現在は「さらに会員数を伸ばす」ことがミッションになっています。

二〇一九年には、「39（サンキュー）キャンペーン」を実施しました。新規登録者は初めの三カ月間、月額三九円で「メチャカリ」のサービスを利用することができます。月額三九円でペイするのかと思われるかもしれませんが、一〇〇人のうち五〇人残ってくれれば、三年以内に確実に元は取れます。そして、このキャンペーンで一万三〇〇〇人だった会員数が倍増しました。

貸すことから始まって、デジタルならではのデータ分析を通じて、お客様の行動を見つけながら、「借りる」という新たなライフスタイルをつくることを実現したのが「メチャカリ」です。これこそまさにDXの具体例だと思います。

また、「メチャカリ」には、「店舗との連携」という側面もあります。

店舗だけで買っているお客様と、ECだけで買っているお客様の顧客単価はほぼ同じです。これが店舗とECの両方を使ってくれているお客様になると、顧客単価が一気に四倍に跳ね上がります。その中身を見ると、ECの伸び率はあまり変わらず、店舗分の取り扱いが三倍になっているのです。

このことから、ECを利用してブランド認知を継続しているお客様は、店舗にも行っているということがわかります。

そこで、来客促進の一環として、「メチャカリ」や自社ECを利用しているお客様には、店舗スタッフのコーディネートをサイトで店舗名とともに紹介することも始めました。簡単な仕組みですが、店舗の場所がわかることでデジタルと店舗のオムニチャネルが実現できている一例といえます。

事業現場へのＡＩ活用事例

国内アパレルの「供給量は増えているが、単価指数は下がっている」という状況の結果、「在庫過剰ゆえの値引き」という現象が起こっています。逆にいうと、在庫が適正なら値引きをする必要はないわけです。

当社が扱っている商品はトレンド商品なので、「一〇年かけて売ればいい」というわけにはいきません。「その年でしか売れない、だから最終的に値引きをせざるを得ない」のです。

値引きをしなければ、売上高も利益率も向上するのですから、在庫の適正化はどのアパレル会社にとっても取り組むべき課題だといえます。もちろん当社においても同様でした。それがなかなか進まなかったのは、「総在庫量が減ると、機会ロスが起こり、売上が下がるのではないか」という懸念があったからです。

それでも昨年、総在庫量の二割を減らしました。金額にすると約三〇〇億円です。これによって営業利益は改善しましたが、やはり機会ロスは起こりました。約三〇〇ある店舗のあちこちで、「色やサイズがない」という事態が頻発したのです。

そこで、このような機会ロスをAI活用によってなくす取り組みを始めました。

これまでの当社の仕組みでは、まず商品を物流倉庫に入れ、次にそのうちの大部分を店舗に納品します。このとき、適切な数量が納品されたかどうかが、勝負の分かれ目です。

店舗で商品が足りなくなったら、物流倉庫から追加で納品するのですが、もともとそこには在庫が少ないため、すぐに在庫は底を尽きます。そうしたら、次は店間移動です。たくさんある店から足りない店に商品を運びます。商品はだいたい二週間単位で入れ替わるので、こういった商品の移動はかなり頻繁に行われていました。

これをAI化して、自動化と最適化に取り組むというのが今回の取り組みです。

在庫配置は、店舗ごとの適正在庫数、店舗の在庫キャパ、配置のタイミング、移動コストといったことを考慮しなければなりません。これを三〇〇以上ある店舗に対し，人間が的確に行うのは、正直いってかなり無理があります。

そこで、キーパーソンをひとり決め、その人をプロジェクトリーダーにして、データ分析からシステム化まですべて任せることにしました。

プロジェクトキーパーソンの榎本一樹は、どのようなシステムを作るべきかを検討するため、まずブランドマネージャーと会話をしました。そこで「機械学習で最適な数値をはじき出し、完全自動のシステムはどうか」と提案をしてみたところ、「ＡＩから出される数値は根拠がわからないから、そのまま採用するのはリスクが高い」と、拒否されてしまうのです。

次に、システムをつくるために必要と思われるデータを洗い出し、データを管理しているＩＴシステム担当者に相談に行くと、「データ連携は外注ベンダーに依頼しないといけないし、それには費用も時間もかかる」ことから、結局、システムで必要なすべてのデータはすぐには出てこないことがわかりました。

結局、経営側は「ＡＩで在庫を最適化できる」と思っていたのに、現場に納得してもらい、動いてもらうにはハードルがいくつもありました。アパレルのことをよく知らない人間から、「在庫を機械学習で最適化する」といわれても、ブランドマネジャーにしてみれば、「ＡＩに任せて、万一、売上が下がったら責任がとれない」というわけです。

こうして結果を出す前に、「期待の不一致」「言葉の壁」「信頼関係の未形成」といった課題が明らかになってきました。

そこで、関係各所から収集した情報を元に、事業部の運用担当者と相談をし、いきなりＡＩで在庫の最適化を目指すのではなく、先に業務フローをできるだけ自動化するところから始めていくことになりました（図5）。初めのうちは全自動を目指さず、事業部の経験（Ｋ）、勘（Ｋ）、

図5

業務フロー図

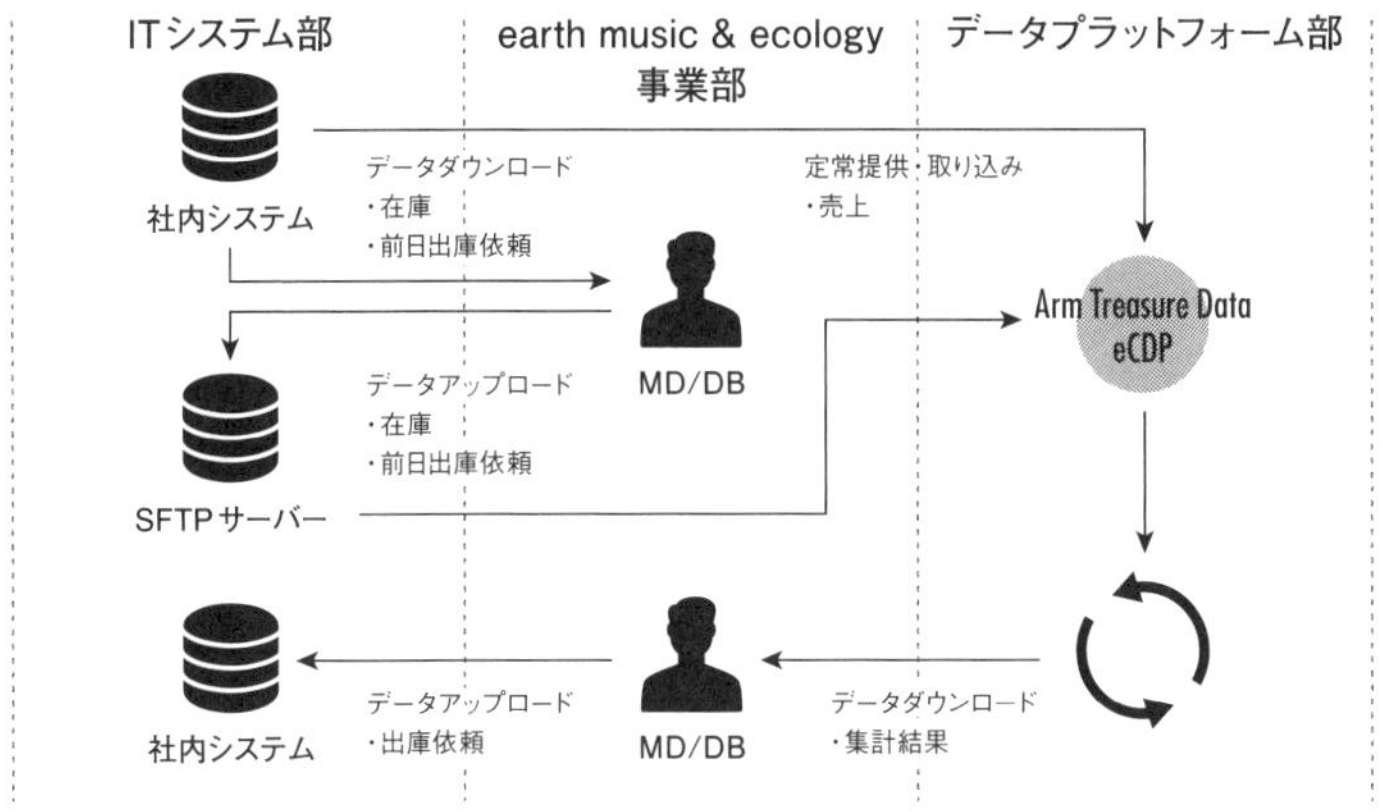

度胸（D）をデータのやり取りの間に挟み込んでいく「半自動プラスKKD（経験、勘、度胸）」というかたちで業務に組み込みやすくするという方針を固め、システム開発を行いました。

開発後は、運用担当者と数値の検証をしたり、利用して出てきた要望を組み入れ細かいシステム調整を行いました。その結果、システムの精度は徐々に上がり、システムの本運用開始から数カ月後には利益増に貢献できるようになりました。機会ロスをなくすことができたのです。また、業務を半自動化にしたことで削減される人の業務コストを金額に換算すると、年間約二三〇〇万円の削減効果になりました。

ITによる在庫最適化の効果は、金額だけではありません。店舗に送る在庫が最適化されることで、バックヤードの棚の整理や必要な商品を探して棚出しする時間も削減されました。その結果、接客する時間を増やすことができ、カスタマーエクスペリエンスが向上したのです。

このサイクルをつくるうえで大事なことは何でしょうか。榎本によれば、それは「目線を合わせる」ということだそうです。

いきなり「ITを使って在庫最適化をやるぞ」といっても、現場は納得できません。「不確実なことはできない」とはねつけられてしまうのがオチです。

そうではなく、「事業部が困っていることは何か」というところから始めるのです。そして、現場と同じ方向を向き、コミュニケーションをとりながら進めないと、なかなかうまくいかないと思います。

それから、小さく始めて細かく改善していく。いきなり全自動化を目指すのではなく、初期段階ではシステムに人間の力が介在する余地があったほうが、業務はうまく回ります。

もうひとつ、導入成果を売上だけで説明しようとしないことです。とくにアパレルや流通系は、人間のほうが業務内容やフロー変更など小回りが利き、生産性のコントロールがしやすいため、システム導入によるコスト削減効果はそれほど大きくないことがあります。なので、業務効率化などほかに定量化できるものを目的にしてもいいし、場合によっては「バックヤードがすっきりする」といった定性的なもののほうが、インパクトがある場合もあります。

百貨店、ブランドと連携したＤＸを目指すビジネススキームの開発

次に、自社内だけでなく社会全体を巻き込んだＤＸを始めようということで、ソフトバンクに資本参加をしていただいて二〇一八年二月に立ち上げたのが、株式会社ストライプデパートメントです。これは百貨店で販売されている高感度ブランドを中心としたファッションＥＣサイトの運営をしており、二〇一九年九月より「ＤａａＳ（Department EC as a Service）」というサービスを提供しています。

百貨店業界のオムニチャネル化を支援するというところから「ＤａａＳ」はスタートしました。

百貨店の売上は、二〇一〇年ぐらいから微減が続き、毎年五〜六店舗がクローズしている状態です。一方、ＥＣのほうは毎年五〜一〇％の成長を続けています。

また、アパレルの販売チャネルは、ユニクロや無印良品といった専門店と、ＥＣを含む通信販売は伸びていて、百貨店と量販店が下がっているという状況です。

したがって、百貨店や量販店にとっては、「ＥＣチャネルの展開」が喫緊の課題といっていいと思います。

では、実際はというと、百貨店の三一％がＥＣ化率〇・二％から〇・五％の間です。一％にも満たないというのは、デジタル投資の判断がより難しくなるということです。

そこで、当社のデジタルのノウハウを活用し、百貨店のオムニチャネル化推進のお手伝いをしようと考えました。「ＤａａＳ」はそのためのプラットフォームなのです。

よくあるのは、外部のシステム会社が百貨店の委託を受けてＥＣサイトをつくり、システム設計費や運営手数料をいただくというモデルだと思いますが、「ＤａａＳ」はそうではありません。私たちのＥＣプラットフォームを無料で貸すかたちなので、百貨店はコストゼロでＥＣを始められるのです。

百貨店がＥＣを始めるにあたってのハードルが三つあります。

一つ目が、ＥＣ用商品管理です。百貨店の業態はブランドから預かっている商品の販売ですから、商品在庫は店舗にあっても、そのすべてをリアルタイムで活用できるような商品管理は難しいのです。

二つ目が、システム系人材の確保です。これは流通業ならどこでもそうです。

三つ目が、システム構築コストです。ＥＣは物流まで含めると、億を超える投資が必要です。

そして、これら三つの問題は、すべて「ＤａａＳ」で解決することができます。私たちがこの「ＤａａＳ」で目指しているのは「お客様」「百貨店」「ブランド」「ストライプデパートメント」のすべてがよくなる「四方良し」のビジネスなのです（図6）。

スキームとしては、ストライプデパートメントのＥＣサイトの名前に、各百貨店の名前を加えて使ってもらっています。これによって百貨店は店舗とＥＣのオムニチャネルが、すぐに実現

図6

DaaSビジネススキーム

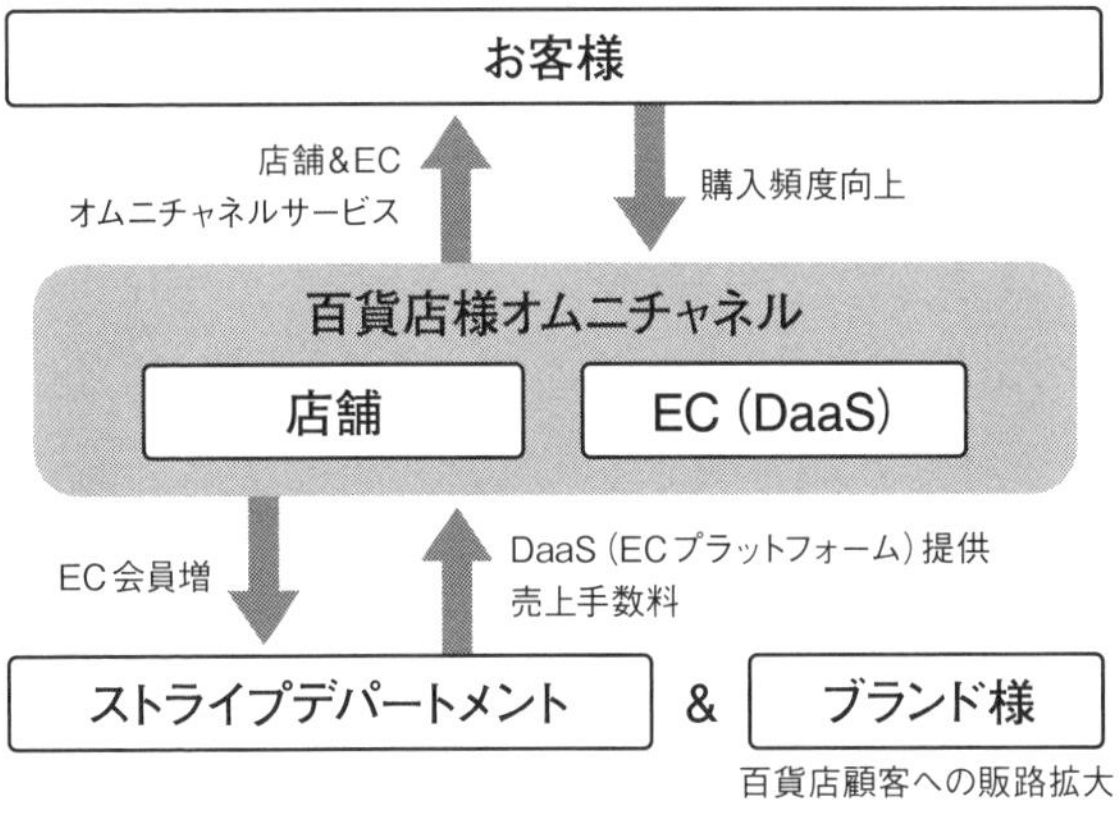
お客様
店舗&EC
オムニチャネルサービス
購入頻度向上
百貨店様オムニチャネル
店舗
EC（DaaS）
EC会員増
DaaS（ECプラットフォーム）提供
売上手数料
ストライプデパートメント
&
ブランド様
百貨店顧客への販路拡大

©STRIPE DEPARTMENT CO.,LTD.

できるというわけです。

百貨店は会員情報も入手できるので、ひとりのお客様がECでいくら、店舗でいくら購入したといったデータもとれます。

それから、オムニチャネル化による収益増も当然見込めます。オムニ効果は非常に大きく、顧客単価は店舗だけのときの四倍にもなります。百貨店のお客様の二％がECを利用すれば、店舗の売上は一〇四％になるという試算もあります。

また、ECで売上が上がった場合、売上手数料を百貨店にお支払いしています。ECサイトで売れれば純利益だけが戻ってくるというわけです。

ブランドにとっては、当社のチャネルを使って、購買力の高い百貨店顧客へ販路を拡大できるというのが最大のメリットです。

ストライプデパートメントに商品を卸せばそれで終わりなので、手間もかかりません。

ストライプデパートメントは、百貨店の会員が増えれば同時に自社のEC会員も増えることになります。しかも、それはわれわれのお店と親和性の高い高感度の方たちですから、メリットは非常に大きいのです。

このプラットフォームは、今はまだ小さいですが、参加ブランドや百貨店は続々と増えています。自分の百貨店には出店していないが、ECではよく売れるブランドが、リアルな出店につながるといったことも起こっています。ブランドにとっても、「ECでこの地域にこれだけ売れている」ということがわかれば、自信を持って出店できるのです。店舗展開のための高精度なマーケティングという意味でも有用だといえます。

オムニチャネルの成功例

最後に、実際にあったオムニチャネル化の成功例をひとつ紹介します。

あるとき、百貨店の店頭にあるブランド店で、欠品があった際、その商品がストライプデパートメント店（EC）にあったため、ブランド店の店員は、ストライトデパートメントの百貨店サイトを紹介しました。

お客様は希望の商品が手に入る。百貨店とブランドは顧客ロイヤリティが上がる。ストライプデパートメントは新規のお客様との接点ができる。まさに四方良しが実現したのです。

百貨店と競合するのではなく、百貨店とそこで商売をしているブランドの成長を支えるためにデジタルを使う。これが「ＤａａＳ」の基本的な考え方です。そして、「このアイデアを絶対にかたちにするのだ」という経営層の強い思いがあったからこそ、それまで二〇年間アナログだった当社が、しっかりとデジタル化に取り組めたのだと思います。

結局、ＤＸを成し遂げるのに必要なのは、トップの決断なのです。

【質疑応答】

Q1　今後、在庫の削減以外どんなことにDXを使っていくのか。

佐藤　店舗内動線をデジタルで最適化していく準備はすでに始めています。それから、シフト管理にもチャレンジしていきたいのですが、シフトはひとつでもミスが出ると店舗運営に支障が出るため、時間がかかるかもしれません。

Q2　なぜ最初に在庫削減に取り組んだのか。

佐藤　SDGsの観点からも在庫過多が社会課題になっており、誰が見ても効果がわかりやすかったことが大きいです。それに適正在庫を実現できて、値引きしなくても売れるようになれば、ブランド価値も上がりますし、先にプロパーで買っているお客様のためにもなるので、実行すべきだと思いました。

Q3　貴社は今後アパレル事業からプラットフォーム事業のほうに軸足を移していくのか。

佐藤　今年「一〇〇億円一〇〇個プロジェクト」というのを立ち上げました。これは一兆円のグループ企業を目指すというもので、その中でブランド事業もプラットフォーム事業もともに展開していこうと思っています。売上一〇〇億円の事業を立ち上げ、運営できる人材を集め、育てるのが今年の課題です。

Q4　貴社ブランドにはデザイナーのどのような世界観が投影されているのか。

佐藤　ブランドのフィロソフィーですが、「earth music & ecology」では、デザインはそれに沿ったナチュラルでベーシックなものを追求しています。デザイナーの個性や感性に頼るつくり方はしていません。

Q５　「メチャカリ」の会員データを商品開発などに連携させる仕組みはあるのか。また、それは誰がやるのか。

佐藤　商品化まではいきませんが、コーディネートの組み合わせと嗜好性のデータをとっており、そのデータは自社ＥＣでコーディネートを提案する際に利用しています。そのデータ分析は、社内のデジタルトランスフォーメーション部で行っています。

（二〇二〇年二月二九日「ＡＴＡＭＩ　せかいえ」にて収録）

大前研一（おおまえ・けんいち）

早稲田大学卒業後、東京工業大学で修士号を、マサチューセッツ工科大学（MIT）で博士号を取得。日立製作所、マッキンゼー・アンド・カンパニーを経て、現在㈱ビジネス・ブレークスルー代表取締役会長、ビジネス・ブレークスルー大学学長。

著者は、『「0から1」の発想術』『低欲望社会「大志なき時代」の新・国富論』『「国家の衰退」からいかに脱するか』（共に小学館）、『大前研一　稼ぐ力をつける「リカレント教育」』『日本の論点』シリーズ（小社刊）など多数ある。

「ボーダレス経済学と地域国家論」提唱者。マッキンゼー時代にはウォール・ストリート・ジャーナル紙のコントリビューティング・エディターとして、また、ハーバード・ビジネス・レビュー誌では経済のボーダレス化に伴う企業の国際化の問題、都市の発展を中心として広がっていく新しい地域国家の概念などについて継続的に論文を発表していた。

この功績により1987年にイタリア大統領よりピオマンズ賞を、1995年にはアメリカのノートルダム大学で名誉法学博士号を授与された。

英国エコノミスト誌は、現代世界の思想的リーダーとしてアメリカにはピーター・ドラッカー（故人）やトム・ピーターズが、アジアには大前研一がいるが、ヨーロッパ大陸にはそれに匹敵するグールー（思想的指導者）がいない、と書いた。

同誌の1993年グールー特集では世界のグールー17人の1人に、また1994年の特集では5人の中の1人として選ばれている。2005年の「Thinkers50」でも、アジア人として唯一、トップに名を連ねている。

2005年、『The Next Global Stage』がWharton School Publishingから出版される。発売当初から評判をよび、すでに13カ国語以上の国で翻訳され、ベストセラーとなっている。

経営コンサルタントとしても各国で活躍しながら、日本の疲弊した政治システムの改革と真の生活者主権国家実現のために、新しい提案・コンセプトを提供し続けている。経営や経済に関する多くの著書が世界各地で読まれている。

趣味はスキューバダイビング、スキー、オフロードバイク、スノーモービル、クラリネット。

ジャネット夫人との間に二男。

大前研一
DX革命

「BBT×プレジデント」エグゼクティブセミナー選書　Vol.14

2021年3月2日　第1刷発行

著　者　大前研一
発行者　長坂嘉昭
発行所　株式会社プレジデント社
〒102-8641 東京都千代田区平河町2-16-1
平河町森タワー 13F
https://www.president.co.jp　https://presidentstore.jp/
電話　編集(03) 3237-3732
販売(03) 3237-3731

編集協力　政元竜彦　木村博之
構　成　山口雅之
編　集　渡邉 崇　田所陽一
販　売　桂木栄一　高橋 徹　川井田美景　森田 巌　末吉秀樹
撮　影　大沢尚芳
装　丁　秦 浩司
制　作　関 結香
印刷・製本　中央精版印刷株式会社

ISBN978-4-8334-2405-9
Printed in Japan